# つながりの政策学

## 政策過程の全体図を描く

風間規男

日本経済評論社

# はしがき

　本書は，同志社大学政策学部で 20 年間講義を続けてきた「政策過程論」の授業内容をまとめたものである．

　対面で講義をしていたときには，ところどころ雑談を交えながら，気ままに話をしていた．しかし，新型コロナウィルスが感染拡大するなか，オンデマンドで授業コンテンツを配信しなければならなくなり，万が一学生以外の誰に聴かれても支障のないようにと，シナリオのような講義ノートを作成することにした．全 15 回分で，相当な分量になっていた．

　本書刊行の話をいただいた時に，講義ノートをベースに執筆すれば簡単に完成させられると軽い気持ちで引き受けた．ところが，やはり出版されるとなると，いろいろと気になりはじめ，授業の中で紹介してきた基本書や論文の多くを読み直すことになった．すると，毎年惰性で紹介していた文献の中に新たな発見があったり，自分の理解不足で説明の仕方に不備があったりするところなどがたくさん見つかった．今は，初心に戻って一から勉強しなおした気分である．

　政治学者は，みな「我」が強く，自分なりの学問の体系を持っている．「政治学入門」のような基本科目では，政治学の思考法を身につけ，学問の体系全体を見渡せるようにする必要があるため，教えるべき内容はある程度定まっているが，政治学の各論である「政策過程論」のような授業では，講師が思い思いの視点と構成で，自分の政策過程論を学生たちに伝えようとしていると思われる．したがって，本人以外の研究者が執筆した教科書をフル活用して授業を構成するなどということはあり得ないと思っている．

　本書は，出版社のご好意で，普遍的な「教科書らしい教科書」を目指す必要はなく，自分の「政策過程論」を前面に出してもよいという言葉をいただ

き，それに甘えている．他の担当者が「政策過程論」「公共政策論」の授業でも利用できるような一般的な内容を6割，筆者のオリジナルな部分で他の政策過程論の授業では，あまり重きを置かれていない内容が4割程度の配分で書かれている．ただし，その4割にこそ，政策過程論の講義の中で学生たちに伝えるべき重要な要素が含まれていると思っている．

現在，全国の大学に「政策学」という言葉を名称に含んだ学部がたくさん創設されている．これらの政策系学部は，政治学・経済学・法律学などを幅広く学び，社会問題の具体的な解決を考えることを通じて，社会の中で生きていく力を身につけることをコンセプトとしている．その中で，「政策過程論」は，どの学部のカリキュラムにおいても，コアな位置づけが与えられている重要科目である．

同志社大学政策学部では，発足以来，「問題を発見し解決する能力」を育成することを目標に掲げてきた．ゼミの指導でも，常に，社会で起きていることに目を向け，「なぜ，そうなのか」（問題の発見），「どうすればいいのか」（解決策の立案）を思考する人間に成長してほしいという思いを抱きながら，学生たちと接してきた．

社会で起きていることについて考えをめぐらせる「入り口」はたくさんあると思うが，問題が発見され解決されていく政策のプロセスを観察することで，今まで見えてこなかったことが見えるようになると信じている．政策過程の分析とか研究とかいうと身構えてしまうかもしれないが，「物ごとの本質」を見極めるためのちょっとしたトレーニングを，本書を通じて体験してほしいと考えている．

多くの教科書では，基本書といわれるもののエッセンスや重要概念をピックアップして並べるスタイルをとっているが，本書の特徴は，ひとつひとつの文献についてかなり詳細に紹介しているところではないかと思われる．ここで扱われている文献には翻訳が出ていないものも多いが，本書を読んで関心を持った人は，ぜひ原典にあたってほしいと思う．勇気をもって基本書といわれるものの原書を開き，著者と向き合い，対話をするようにその思考の

流れをトレースするのが，社会科学系の文献に触れる醍醐味である．そのような知的な体験に誘うガイドになることを願っている．

　本書は，初学者にも理解できるように，できる限りわかりやすい記述に努めたつもりだが，後半の数章は，やや難解になっているかもしれない．しかし，最高学府である大学では，すべてがわかる講義よりも，わからないことからスタートして思考を深めていけるように，知的な刺激を与えることが大切だと考えている．他の政策過程論の教科書，本書で紹介した文献などを読み合わせて，理解を深めていってほしいと思う．

　政策過程分析に関連する理論は，現実の政策現場で行われていることを探究するツールにすぎない．重要なのは，その理論を使って，自分が関心をもったテーマをどのように説明することができるのかを考えること，そして，可能ならば，政策提言活動やまちづくり活動などの実践に生かすことである．実践に役立つ政策過程研究にしていきたいというのが，本書に通底している筆者の切なる思いである．

# 目　　次

x

序章

# 政策過程研究とは何か

## 1. 「政策科学」と政策過程研究

### ⑴ 政治学者ラスウェルの「政策科学」

　政策過程研究は，政治学の一領域として存在するのと同時に，「政策学」の中の一領域として研究されている．つまり，政策過程を研究する者は，政治学者であるのと同時に，政策学者であり，いわば二重のアイデンティティをもっているといえる．

　「政策学」のルーツをたどると，1940年代に，アメリカの大物政治学者，ラスウェル（Harold D. Lasswell）が唱えた「政策科学（Policy Sciences）」に行き着く．その政策科学を構成する最も重要な要素となっているのが，本書で紹介する政策過程の研究である．

　「政策科学」は，政策をできるかぎり科学的に研究して，最も合理的な政策を生み出すことを目指した学問である（Lerner & Lasswell 1951）．それ以前にも，「政策を科学する」必要性を主張した人はいたが，アメリカ政治学の重鎮であるラスウェルが言い出したことで，ひとつの独立した学問領域として成立する流れが作られた（宮川 1994）．

　ラスウェルは，哲学や思想にどっぷりと結びついていた政治学を解放し，より自然科学に近い形で政治を科学的に分析しようと考える「シカゴ学派」の中心人物だった．シカゴ学派の人たちは，政治を議論するにあたって，文化や宗教など，それを論じている人のもつ価値観によって，導き出される

結論が違わないようにしたいと考えていた．たとえば，物理学や化学など
は，信じている宗教が違っても，人種が違っても，文化的なバックグラウ
ンドが違っていても，導き出される結論は同じである．ウェーバー（Max
Weber）は，これを「価値自由（Wertfreiheit）」と表現した（中村 1972）．学
問における見解の違いが価値観の違いに由来しているとすれば，いくら真剣
に議論しても平行線をたどってしまうことになるだろう．シカゴ学派の人た
ちは，政治学を発展させるためには，価値自由を目指すべきだと考えたので
ある．

　同じように，政策を科学する学問領域として提唱されたのが「政策科学」
である．これから説明していくように，政策のプロセスは，政治のプロセス
でもある．様々な政治勢力が自分たちに有利な内容を政策に盛り込もうと
争う．そこには，合理的な思考とはかけ離れた政治力学や大人の事情が反
映される．高度な分析手法を駆使して，合理的な政策を生み出し，政治の
介入による不合理性の混入を防ごうという「自動化の選好（preference for
automation）」が政策科学を特徴づけている（秋吉他 2010: 23）．

　ラスウェルは，著名な政治学者であったが，政治学の一研究分野として，
政策学を提唱したのではない．政治学を含め，様々な学問が自分たちの領
域を越えて，政策を合理的に作るために必要な知識を集める「場」とし
て，政策科学という学問領域を用意したことに留意するべきである．政策
科学は，ひとつの学問領域にとどまらない研究スタイルをとる「学際的な
（interdisciplinary）」学問として構想されたのである．


## ⑵　政策科学が提唱された背景

　政治学者ラスウェルが，なぜ，学問領域を越えて研究者たちを集める政策
科学を主張したのか，その背景を少し考えてみたい（Lasswell & Kaplan
1952; 宮川 2002）．

　1940 年代後半，世界は，まさに第二次世界大戦後の秩序が構築されてい
く過程にあった．アメリカを中心とする自由主義・資本主義諸国とソ連を中

心とする社会主義・共産主義諸国が対峙し，両者の力の均衡によって世界秩序が保たれる「東西冷戦の時代」に入ろうとしていた時期だった．

　ラスウェルがここで問題視したのは，当時の西側諸国の学問のあり方だった．ナチスドイツやソ連をはじめとする全体主義国家では，研究者に学問の自由が認められず，国家から与えられた課題を研究するように強制される．研究者にとっては不幸なことこの上ないが，国家にとっては，社会の限られた知的資源を有効な形で配置できることになる．

　一方，西側諸国では，各学問が発展していく中で，研究者が取り組むテーマが細分化していった．医学を例にとれば，昔は外科と内科の区別があるくらいだったのが，外科は，循環器外科，消化器外科，脳外科といったように，体の部位によって細分化されていき，さらに，同じ脳外科でも，脳腫瘍を専門とする人や脳出血を専門にする人など，病因によって分かれていき，脳腫瘍の種類によってさらに専門が分かれていく．研究者は，それぞれが関心をもった狭い専門領域の中に閉じこもって研究に取り組むようになっていた．

　ところが，社会で現実に起こっている課題を解決しようと思うと，そういった狭い範囲のひとつの知識を活用するだけでは全く役に立たない．たとえば，2020年から世界的に流行した新型コロナウィルスについて，国をあげて対策が進められた．その時のことを考えてみよう．当然，感染症に関する医学的な知識は不可欠だが，それだけでは不十分である．この状況の中で人がどのように行動するのかを研究する心理学の知識，外出を制限するのならば，その措置が経済に及ぼす影響を検証する経済学の知識，違反者を取り締まるなど法的な措置をとるならば，法律についての知識など，様々な分野の知識を動員する必要がある．ところが，あまりに専門分化が進んだ結果，個々の狭い専門領域で得られた研究成果を「政策の形成」という現実に適用することが難しくなっていた．とはいえ，全体主義国家のように，学問の自由を認めず，目の前にある課題の解決に役に立つ知識をもっている人を強制的に集めることはできない．

　ラスウェルは，このままでは，核開発をはじめとする東側諸国との様々な

競争に西側の自由主義諸国が敗北することになるのではないかと心配した．そこで，政策を中心において，公共的な問題を解決するのに役立つ知識をもっている人たちを結集する学問が必要なのではないかと考えたのである．すべての学問的知識を政策に振り向けるという意味を込めて，そのような学問のあり方を「政策志向（policy orientation）」と呼んだ（Lerner & Lasswell 1951）．以上のような事情で成立した政策科学は，本質的に，学問の境界を越えた「学際的学問」としての性質をもち，他の学問の思考を受け入れる寛容さを備えている（Dror 1971）．

### (3) 政策の内容分析と過程分析

以上のような問題意識をもって，ラスウェルは，政策科学を次のように定義している．

> 公共的および市民的秩序の意思決定プロセスについての（of）およびそのプロセスにおける（in）知識に関するもの（Lasswell 1971）

少々わかりにくいが，公共的および市民的秩序の意思決定とは，公共的な問題を解決し社会に秩序をもたらすための政策の決定を行うことだと理解していいだろう．ラスウェルは，政策科学には，そのような政策に関する意思決定がどのようなプロセスで行われているのかに関する知識（of の知識）と，そのプロセスにおいて政策を実際に作るのに役に立つ知識（in の知識）という2つの知識の獲得を目指した研究があると言っている．彼は，政策科学が発展していくためには，この2タイプの知識に関する研究が深化し，相乗効果を発揮していく必要があると考えていた．

政策過程を解明する研究を主に担ってきたのは，政治学である．一方で，政策の内容を検討する研究で大きな存在感を示してきたのは，経済学である．縣公一郎は，政策研究を「政策のための分析（analysis for policy）」と「政策に関する分析（analysis of policy）」に分けているが（縣 2005），政策に関する分析に傾斜してきた政治学と，政策のための研究において力を発揮してきた

経済学は，残念ながら線路のように交わることなく連携関係を築けていないのが現状である．

　本書では，よりよい政策の実現に貢献すべく政策過程を解明しようと苦闘を続けてきた政治学者たちの研究を中心に紹介していくことになる．

## 2.　政治学による政策研究の特徴：治療に至らない診断

　政治学者は，どのような姿勢で政策を研究しているのだろうか．我の強い政治学者のことなので，研究の姿勢も様々だが，政策の過程を観察するという態度にこだわる人が多いと思われる．

　政治学者が政策過程を観察する際に立てる問いは，「誰がどのように政策の内容や過程に影響を及ぼしているのか」「ある政策は，なぜそのような内容になり，成功（失敗）したのか」といった感じである．

　この姿勢は，医学でいえば，「診断」にあたるものである．患者が症状を訴えている．患者の話に耳を傾け，各種検査をすることで，病気を特定していく．政策科学において，政策過程の研究は，治療につながる診断と同じように，政策過程のどこに問題があり，その問題がどのような構造で発生しているのかを解明することを目指している．

　政治学者の研究姿勢は，サバンナで野生動物の生態を観察している動物学者に似ている．ライオンが，なかなか獲物を捕まえることができず，飢えている．そういうときに，動物学者は，肉のかたまりをライオンたちに与えてしまうようなことは絶対にしない．その行為がサバンナの状況に影響を及ぼし，野生動物本来の生態がわからなくなってしまうからである．動物学者たちは，観察対象から距離をとって生態を観察すること自体に学問的な価値があると考えている．

　政治学者も同じである．なぜそのような政策が作られ実施されたのか，そのプロセスを観察する．たとえば，2011年3月に東日本大震災が発生する前から，当該地域で大きな津波が発生する可能性があること，津波により原

子力発電所の電源施設が水没し機能しなくなると致命的な事故が起こる可能性があることを政府や東京電力の関係者は認識していた．にもかかわらず，なぜ，関係者は適切に対応せず，結果的に致命的な事故を起こす事態を招いてしまったのか．その原因を突き止めるべく観察するのである．

　しかし，サバンナで野生動物を観察する動物学者と，政策過程を観察する政治学者にはひとつ決定的な違いがある．観察対象の野生動物がどうなっても，動物学者や社会がそのことに直接大きく影響を受けることはないが，政策は，そのひとつひとつが社会全体に重大な影響を及ぼすものである．つまり，政治学者は，公共の政策，社会全体が大きく影響を受ける政策を扱っているという点が違う．政策の質を高めるのに役立つ知見を提供することで，社会に貢献していくことが，政策過程を研究する目的であり，医療の世界で，治療につながらない診察は意味がないのと同様，政策の改善につながらない政策過程の研究は意味がないといえる．

　しかし，本書で明らかにするように，政治学者の政策過程研究は，多くの場合，治療にまで至らない（大嶽 1990）．とても残念なことであるが，本書では，なぜ政治学者の研究が政策の現場に役立つ知見を示せず，現実の政策の質向上につながる成果をあげることができないのか，その理由を説明することになる．政治学者が，自分たちの研究成果を生かして，リアルな政策過程に役立つ情報を提供する世界が理想だが，実際はそうなっていない．「それではまずい」「どうにかしなければ」というのが，わたしを含めた政策過程を研究する政治学者が抱く共通の思いである．本書において，医学でいえば新しい治療法や新薬を開発するところまで行き着くための道（細く険しい道であるが）を示すことができればと考えている．


## 3.　政策過程のフェーズ

　政策過程を分析する際には，過程をフェーズごとに分けることが多い．このような捉え方を政策過程の「段階モデル」という．政策過程は，政策の対

象となる課題を設定し（課題設定），そのための解決策を検討し政策の中身を組み立て（政策形成），合意を図って正式に決定を行い（政策決定），それを実行に移し（政策実施），効果を検証する（政策評価）という「フェーズ」の連なりで理解されている．そして，政策評価の段階で政策の効果を検証し，問題が解決されていないことが判明したら，それが課題の設定につながるという循環過程＝「政策のサイクル」が存在すると考えられている（真山 2023）．

　政策過程研究では，フェーズごとに政治学者の関心が集まる流行の時期があり，その時々で豊富な研究成果が生み出されてきた．

　政策過程のフェーズの中で，政治学者たちが最初に注目したのは，政策決定の場面である．「なぜそのような決定が行われたのか」，その理由を理解するために，政策決定過程に対する関心が集まった．わたしたちの多くが最初に政策の姿を目にするのは，大統領が決定事項をテレビ演説で説明したり，内閣の閣議決定後に官房長官が記者会見をしたり，国会で審議されたりする段階である．このフェーズに特に注目が集まるのは，ある意味当然である．

　次に，政策の形成の局面に関心が集まった．特定の政策を取り上げ，その政策がどのようなプロセスをたどっていま目の前にあるような内容になったのかを解明することを目的とした研究が盛んになる．現在も数多くの政治学者が政策形成過程の研究に取り組んでいる．

　ところが，理想的な政策形成過程をたどり，成功が約束されていたはずの政策が，なぜか効果をあげることができないことがある．政策が形成される過程ではなく，実施される過程に問題があるのではないかという視点が示され，政策実施過程に関する研究が流行した．

　一方で，そもそも政策の効果を評価するフェーズが機能しなければ，政策を見直すプロセスが始動せず，適切な政策過程を作ることができないという主張が強まり，政策評価に関する研究が発展をみせた．

　ただ，よく考えてみると，社会で起こっている様々な問題の中には，政策を作って解決するべき課題だと認識されないものがあり，あるいは認識され

ても，関係者が黙殺して政策過程が始まらないことがある．何が問題かを認識する場面が大切だという主張が出され，課題設定のフェーズが注目されることになった．地球環境問題／児童虐待／ストーカー被害など，現在重要な政策課題として検討されているテーマの中には，当初それが問題だと認識されなかったものが数多くある．なぜ，ある問題は政府として取り組むべきテーマとして課題設定され，ある問題は何も対応されないまま放置されてしまうのかについて関心が集まり研究が進められた．

## 4. 本書の構成

　本書では，まず第1章から第5章まで，政策過程のフェーズに分けて，政治学を中心とした研究を紹介していく．ただし，政策課題の設定－政策の形成－決定－実施－評価のフェーズの順番に従うわけでも，上記の政策過程研究の関心の移り変わりに従うわけでもない独自の構成で，政策過程の理論をより深く理解してもらうことを優先して話を進めていく．

　まず，第1章では，政策決定の理論について解説する．組織における個人の決定，組織全体の集合的な決定に関する研究に多大な影響を及ぼしたサイモン（Herbert A. Simon）の理論を紹介したあと，アリソン（Graham T. Allison）の決定に関する3つのモデルを取り上げ，政策過程の研究にとって欠かせない「分析モデル」についての理解を深めておいてもらう．

　第2章では，政策形成の理論について解説する．ハンター（Floyd Hunter）とダール（Robert A. Dahl）の「エリート論争」を取り上げたうえで，現在，多くの研究者が政策過程を多元主義的な過程，インクリメンタルな過程として捉えていることを指摘する．その姿勢の背景には，アメリカ流の多元的な民主主義観があることを示したうえで，利益団体政治の研究を紹介する．以上の説明から，政策過程研究が直面する2つの本質的な課題を導き出す．

　第3章では，政策課題の設定理論を解説する．ローカルな紛争が政府の取

り上げる課題に成長していくプロセスを描くコブ（Roger W. Cobb）とエルダー（Charles D. Elder）の「課題構築モデル」，エリートの側からの政策課題の設定プロセスを描くキングダン（John W. Kingdon）の「政策の窓モデル」を紹介したうえで，政策課題の設定に重要な役割を果たす政策の誘導・波及・学習などについて概説する．

　第4章では，政策実施の理論を取り上げる．この種の研究が流行するきっかけとなったプレスマン（Jeffrey L. Pressman）とウィルダフスキー（Aaron Wildavsky）の著作『インプリメンテーション』を紹介し，その研究方法の特徴を「トップダウン・アプローチ」として明らかにする．一方で，リプスキー（Michael Lipsky）の第一線職員の研究に代表される政策実施現場における担当者と対象集団の相互作用に注目する「ボトムアップ・アプローチ」を紹介し，相互作用を通じて形成されるネットワークについて解説を加える．

　第5章では，政策評価の理論を解説する．行政学における政策評価のある・べき姿を示す規範理論を，「本人－代理人モデル」に基づく行政統制研究などの紹介を通じて説明する．また，政策評価の基本である「プログラム評価」を解説し，日本における政策評価の制度化プロセスを描く．

　以上の政策過程をフェーズごとに分けた解説を踏まえて，これらのフェーズが相互に浸透・融合していることを明らかにする．

　そのうえで，第6章において，政策過程研究に新たな光を当てる可能性を秘めた「新制度論」を紹介する．理論の理解を深めるために，経済学・経営学・ゲーム理論などで展開されている新制度論を略説する．そして，マーチ（James G. March）とオルセン（Johan P. Olsen）が政治学にもち込んだ新制度論と，「国家論の復活」をめぐる議論の紹介を通じて，政策過程におけるアクター間の相互作用に影響を及ぼす「制度」に着目するアプローチの重要性を指摘する．

　第7章では，国民と国家，政治家と官僚といった様々な関係性について研究してきた政治学の特徴を生かした関係性の政策学＝「つながりの政策学」を提案する（風間2002b）．「つながりの政策学」は，個人や組織の「つなが

り方」が政策過程に及ぼす影響を研究するアプローチである．ヒエラルキーによる問題解決とネットワークによる問題解決を対比して紹介することで，ネットワーク型のガバナンスを研究する必要性を強調する．

第8章では，「つながりの政策学」の中核をなす「政策ネットワーク論」を取り上げる．政策ネットワーク論の学問的な発展過程を理解してもらうために，そのルーツである「政策コミュニティ論」や，政策実施論から生まれた政策ネットワーク論，そして，ローズ（Roderick A. W. Rhodes）の政策ネットワーク論について簡単に解説する．そのうえで，防災政策ネットワークの研究を事例として紹介する．

第9章では，政策ネットワーク論から展開した「ガバナンス・ネットワーク論」を扱う．ガバナンス・ネットワークの概念の定義を行った後，「ネットワークの失敗」に対応する「メタガバナンス」に関する理論について解説する．そのうえで，原子力政策をめぐるガバナンス・ネットワークとして理解できる「原子力ムラ」に関する研究を紹介する．また，ガバナンス・ネットワーク論の立場から，国家とネットワークのマクロ的な関係，ネットワークとイノベーションの関係についても簡単に論じる．

第10章では，政策過程と民主主義の関係を取り上げる．代議制民主主義モデルに基づくかぎり，ネットワーク的な関係の中で展開される政策過程の民主化の実現は難しいことを指摘する．そのうえで，ハーバーマス（Jürgen Harbermas）／ムフ（Chantal Mouffe）／ハースト（Paul G. Hirst）という3人の理論家の「ラディカル・デモクラシー理論」を紹介する．そして，ネットワークにおける政策過程において追求すべき「民主主義」は，代議制民主主義モデルが目指すような社会を統合する方向ではなく，多元性を拡大する方向での実現を目指すべきだという主張を展開する．

終章においては，もうひとつの「つながりの政策学」である「ソーシャル・キャピタル研究」を紹介し，その特質と課題を説明する．また，政策や政策過程の良し悪しを評価する規範的な議論として「正義論」を取り上げ，功利主義／ロールズ（John B. Rawls）／セン（Amartya Sen）の正義論を紹

介する．最後に，ラディカル・デモクラシーの観点から，筆者が理想とする
ネットワーク的「つながり」における政策過程を素描したい．

# 第1章
# 政策決定の理論

## 1.　集合的決定と政策過程研究

　政策過程の研究において，最初に政策決定のフェーズに関心が集まったのは，ある意味当然のことであった．なぜ政府がそのような決定を行ったのか，決定の理由について説得力ある説明を望むからである．

　まず，関心を集めたのは，大統領や総理大臣などの政治リーダーによる決定である．これについては，個人の資質・能力，経歴，思想などを明らかにすることで，その理由が説明されてきた．政治リーダーの属性から納得感が得られる説明を引き出すのが，研究者の手腕の見せ所であった．しかし，政治的な判断に影響するのは，リーダー本人の属性だけではない．その政策決定が行われたときに，彼が置かれていた「状況」もまた，判断に影響を及ぼす重要な要素である．同じ能力・資質，背景をもったリーダーであっても，置かれている状況が異なれば，違った決定を行う可能性がある．このように，状況がリーダーの政策決定に及ぼす影響についての研究が続けられてきた．

　しかし，政府における政策決定の場合，政治リーダー個人が全くの独断で決定をくだすことはめったにない．外形的には大統領や総理大臣の責任において行われた政策決定のようにみえても，その決定に至るまで，様々な人の意見に耳を傾け，意見の違いをまとめていくプロセスが存在する．通常，政府が行う政策の決定は，複数の人間の間で行われる集合的な決定である．政策決定のフェーズについての研究では，この種の集合的な決定がどのように

して行われたのかに関心が向けられることになる.

## 2. サイモンの意思決定論

### (1) サイモンの問題意識

　集合的な決定について，最も重要な業績を残したのは，サイモン（Herbert A. Simon）である．サイモンは，「組織の中で物事を決定するというのは，どういうことか」をテーマにそれまでにない斬新なアプローチで研究を行った（Simon 1997）．彼は，現代組織研究の「祖」ともいえる存在であり，厳密な意味での政治学者ではないが，政治学における政策決定の研究にも大きな影響を及ぼした.

　サイモンもまた，前章で触れたシカゴ学派の系譜に属する研究者である．政治学の科学的研究を志向したシカゴ学派の人たちが注目したのは，人間の行動である．人間の行動に着目すれば，行動パターンというのは，国や文化が違っていても，根本的なところでは同じなのではないかと考えた．このような立場を，「行動主義（behaviorism）」という.

　シカゴ学派の人たちが惹かれたのは，フロイト（Sigmund Freud）の心理学であった．人間の内面に関わる心理的要素と具体的な行動の関連性については，文化／価値観／宗教の違いなどがあったとしても，万国共通の法則性を発見することができると信じていた．たとえば，有権者の投票行動を方向づけている要因は，時代や国が違っても一般化が可能であると考えた.

　サイモンが最初に関心をもったのは，行政組織であったが，やがて，役所も企業も「組織」であることにはかわりなく，同じアプローチで研究することは可能だという着想にいたる．その発想に基づいて，あらゆる組織にあてはまる「組織の一般理論」を構想した.

　サイモンが登場した頃の経営学や行政学では，企業経営や行政管理の経験・ノウハウに基づき，「このように管理すればうまくいく」という原理・原則を提示するのが一般的だった．しかし，実際，そのような原理・原則を

適用してもうまくいかない事例が積み上がっていった.

　そういう状況の中で颯爽(さっそう)と登場したサイモンは, 経営学や行政学が提示している原理・原則は, 「ことわざ」のようなものだと痛烈に批判する (Simon 1946). たとえば, 組織の階層は, トップの命令が末端にまで正確に行き渡るために少ない方が望ましい. 伝言ゲームを考えてみればわかるように, トップの命令を末端に伝えるまでに介在する人の数は少ない方がいい. 一方で, ひとりの上司が管理できる部下の数は限られているので少なくするべきだという「スパン・オブ・コントロールの原則」が主張されていた. この2つの原則は, 個別に示されれば, 「なるほど」と管理の指針になるように思えるが, 並べてみると明らかに矛盾している. この2つの経営原則のうち, どちらを重視するのかは, ケースバイケースである. 「善は急げ」と「急がば回れ」と同じで, 科学的根拠のない経験則に基づくことわざのようなものだから, 矛盾が生まれるのだと批判したのである.

　サイモンは, 組織のダイナミクスを実証的に理解する理論が必要であると主張し, 組織を科学的に研究する方法論をシカゴ学派の行動主義に基づいて示していく. 彼の研究成果は, 経営学のみならず, 経済学や政治学にも計り知れない影響を及ぼし, 1978年にはノーベル経済学賞を受賞している. ここでは, 1947年に発表された『経営行動』(*Administrative Behavior*) の内容を中心に, 政策過程研究と関わりのある重要な部分に絞って紹介しておく (Simon 1997).

## (2)　組織研究と意思決定論

　サイモンは, 組織の動きが参加するメンバーたちの意思決定 (decision making) とその決定に基づく行動の集積から成り立っていると考えた. 当時の経営学では, 組織はトップが動かすものであり, そのメンバーは意思をもたない歯車のようなものだと考えられていた. 組織の動きは, トップの意思決定の結果なのではなく, 個々のメンバーの意思決定とそれに基づく行動の集積によって決まるというサイモンの主張は, 経営学の常識に挑戦するもの

だった.

　サイモンは，特に組織における意思決定に着目し，ある組織を理解するためには，メンバーたちが組織の中でどのように意思決定を行っているのかを観察する必要があると主張した.

　サイモンによると，意思決定とは，ある目的を達成すると思われる複数の選択肢からどれかひとつを選ぶことである．意思決定は，①どのような状況に置かれているのかについて情報を集める「情報活動」，②目的を達成できそうな選択肢を探索する「設計活動」，③選択肢を比較して選ぶ「選択活動」，④選択の効果を確認する「再検討活動」といったステップで構成されている（Simon 1960）.

　意思決定の集積によって組織が動いており，意思決定の実態を分析することで，研究対象の組織をよりよく理解することができると考える研究アプローチを「意思決定論」という.

### ⑶　事実前提と価値前提

　サイモンは，メンバーの意思決定の集積で組織が動いていると考えたが，メンバーたちはバラバラに意思決定をしているのではなく，「決定前提」のもとで行っていると論じている.

　決定前提には，大きく分けて2種類ある．第1に，「事実前提」である．目の前にある事実を参考にして，ある選択をした場合どの程度目標を達成できるかを考えて意思決定をしている．たとえば，美術館が絵画の購入について意思決定を行う場面を考えてみよう．絵画購入に充てられる予算や絵画の価格といった事実に基づいて，購入を判断する．事実前提に基づいた意思決定は，正しかったかどうかを比較的容易に検証することができる．予算以上の値段がついている絵画を購入しようとする意思決定は，結局絵画を購入することができず失敗だったと確認することになる.

　第2に，「価値前提」も意思決定の材料となる．これは，倫理，社会的常識，組織のビジョン，意思決定者の好みから，その決定が「望ましいか」

「好ましいか」を考える判断基準である．美術館の例でいえば，購入を検討している絵画の評価，その美術館のコンセプトとの適合性は，価値前提となる．価値前提に基づく意思決定は，それが正しかったかどうかを客観的に評価することが難しい．特に好みといったものは不安定で，ある時点で失敗だと思ったものが成功だったり，逆に，正解だと思っていたものが，少し時間が経つと失敗だったと批判されたりする．たとえば，ある時点では，検討対象の絵の評価が低く，購入の決定は失敗だったと評価されても，のちに作者が再評価されて絵の価値が上昇すれば，決定当時の判断は素晴らしかったということになるだろう．このように，意思決定に価値観が入り込むと，意思決定の正しさの基準そのものが曖昧になり，意思決定に対する評価が揺らぐことになる．

　この議論で特に重要なのは，ひとつの意思決定に事実前提と価値前提が混在していることである．美術館の絵画購入という意思決定は，予算や絵画の価格といった事実前提と，絵画の評価や美術館のコンセプトといった価値前提の両方が影響している．

　サイモンによると，一般的な組織では，組織の末端メンバーが行う意思決定は，事実前提の部分が大きく，価値前提が入り込む余地が限定されている．他方，組織のリーダーには，価値判断や直感に基づいた決定が求められる．企業戦略に関する意思決定を客観的なデータといった事実のみに基づいて行うことができればいいのだが，企業の経営理念や社会的責任に対する姿勢，社会動向についての予感なども経営判断の拠り所となる．

### ⑷　「合理性の限界」論

　サイモンの数ある業績の中で最も重要なものは，「合理性の限界（bounded rationality）」に関する議論である（Simon 1997）．サイモンは，「組織の意思決定が完全に合理的でありうるか」という問いを投げかける．組織には，多くの人間が所属しているので，個人よりも多くの情報を集めることができる．保有する資源も個人より豊富なので，意思決定を行う際の選択の幅も広い．

しかし，組織における個人の意思決定や組織の集合的な決定をみると，合理的に行っているとは思えないとサイモンは断ずる．

　それ以前の経営学・経済学をはじめとする社会科学は，人間や組織が合理的に行動することを前提にしてきた．ここでいう「合理的」とは，目的を最も高いレベルで実現する選択肢をいつも正しく選ぶことを意味する．経済学において，経済主体は，常に損得勘定を正確に行い，同じ効用が得られるならば，価格が安い方を，同じ価格ならば，より多くの効用が得られる方を選択することを前提に，モデルが組み立てられてきた．このように合理的に判断し行動する主体を前提とする人間の捉え方をサイモンは，「経済人（economic man）モデル」と呼んでいる．

　しかし，サイモンによれば，組織における人間の決定やその決定が集積した組織活動の帰結は，合理性の観点からみて，経済人モデルで想定しているような完璧なものではないと主張する．その理由はたくさんあるが，ここでは，3点挙げておこう．

　第1に，意思決定に必要とされる知識や情報が常に不完全であるからである．たしかに，ひとりの人間よりも組織はたくさんの知識や情報を集めることができるが，それでも合理的な意思決定をするのに十分な知識や情報を得ているわけではない．まず，自分たちが置かれている状況に関して完全に正確な情報を集めることができないし，目的を達成する可能性のあるすべての選択肢を並べることはできない．

　自分たちの意思決定によってもたらされる結果についての想定は，さらに不透明で不完全である．「こうすればこうなる」という予測のもとに意思決定を行うが，その予測は往々にして外れる．状況は不確実性にあふれていて，予想外の要因によって，意思決定時に想定した因果関係が成立せず，期待された効果が得られないことはよくある．

　第2に，決定前提のひとつである価値前提が不安定で，他人の影響を受けやすいことも合理的な意思決定を難しくしている．宗教への信仰や国民性といった比較的安定した価値前提もあるが，好みや直感といった他人に影響を

受けやすい決定前提もある．特に集合的な決定の場合，たとえば「同調圧
力」によって場の空気の方が優先され，声の大きな人の意見に流され，組織
にとって最善の選択を行う機会が失われてしまうことがある．

　第3に，かりに各個人が合理的と思われる決定を行ったとしても，組織全
体のパフォーマンスとしてみたとき，非合理的な帰結に至ってしまうことが
ある．環境問題でよくいわれる「共有地の悲劇」の例がそれにあたる（Hardin
1968）．羊飼いたちが，ある牧草地で羊たちに草を食べさせていた．個々の
羊飼いにとって最も合理的な行動は，自分の飼っている羊たちにできるだけ
多くの草を食べさせ，羊の数を増やすことである．ところが，共有地である
牧草地を使っているすべての羊飼いが同じ行動をとると，どうなるだろうか．
最後には，牧草地の草が食べつくされてしまい羊もすべて死んでしまう．こ
のように，個別にみれば合理的だと思える意思決定が，極めて不合理な集合
的行為の結果を生んでしまうことがある．

　以上のような理由から，組織のリーダーやメンバーは，完全に合理的な決
定ができないことを経験的に知っているので，「経済人」のように，「最適化
基準」をもとに最善の決定を目指すことはない．そこで，サイモンが提唱す
るのが「経営人（administrative man）モデル」である．「経営人」は，経済
人のように最善の選択肢を探すのではなく，「満足化基準」の下で，とりあ
えず満足できるかどうかで選択を行う．限定された情報の中で，満足できる
判断を行いながら，組織のメンバーたちは組織を動かしている．組織におけ
る意思決定をみる場合には，経営人モデルの方がリアルなのではないかと考
えたのである．この主張は，経済学のあり方そのものを問うものであり，こ
の業績でノーベル経済学賞を受賞したといっても過言ではない．

## ⑸　プログラムと意思決定

　個々の意思決定の集積が組織全体の合理的な決定につながるために，組織
は，「プログラム」を用意する（風間 2008a）．プログラムは，意思決定を行
う際に，組織のメンバーが参照するガイドラインのようなものである．サイ

モンは，プログラムに基づいて意思決定を行うことで，メンバーの個別的な意思決定が組織全体の合理的な行動につながると考えた（Simon 1997）．

　たとえば，ある地域で集中豪雨により堤防が決壊し浸水被害を経験したとする．最初は適切な意思決定ができないかもしれない．しかし，そのときの災害体験を生かして，次に豪雨の予報が出たら，職員は役所に集合する，川の水位を監視する，近隣住民を避難させるといった「標準作業手続」を用意しておく．このようなプログラムを作り，それに従って意思決定を行っていけば，情報収集や選択肢の探索などの意思決定のステップを省略してより望ましい行動をとることができる．

　このように，組織は，経験を積み重ねることによって，同じような状況に直面した場合に，より望ましい判断をすることができるようにプログラムを作っている．これを「意思決定のプログラム化」という．組織は，そのメンバーに対してプログラムの形で意思決定の前提を示すことで，「合理性の限界」をある程度克服することができるのである．

　プログラムは，まさにコンピュータのプログラムと同じで，「ある状況に直面した」という情報を入力すると，「このように意思決定すべし」と結果が出てくるものである．プログラムは，法律や条例などの法令の形をとるものもあれば，組織内部の規則やマニュアルといった形をとるものもある．場合によっては，そのように文書化されることなく，慣例や「暗黙の了解」といった形をとることもある．組織のメンバーは各自の業務に定められたプログラムにしたがって意思決定をすることで，組織全体の目的達成に貢献することができる（March & Simon 1993）．

　サイモンは，組織を研究する際に，その組織がどのようなプログラムをもっているのかを洗い出し，メンバーがそのプログラムを拠り所としてどのように意思決定しているのかをみていくことで，組織の実態に迫ることができると考えた．政策過程研究では，このような意思決定論のアプローチを使って，政府における政策決定過程を読み解く研究が行われてきた．

## ⑹　サイモンの意思決定論と政策過程研究

以上，紹介したように，組織という「場」における集合的な決定を研究する際に，サイモンの意思決定論は，数多くの重要な視点を提供してくれる．

意思決定には，価値前提が入り込み，人間の価値観や背負っている文化が影響する．サイモンは，シカゴ学派の系譜に属していて，価値自由に基づいて組織を研究することにこだわっていたが，研究対象の組織における意思決定を分析する過程で，現実の意思決定に価値観が入り込むことを発見してしまったのである．

組織の決定は，経済人モデルが主張するような完全合理的なものではなく，満足化基準に基づくもので，合理性の追求には限界があるという認識は，組織において不合理な政策決定が行われてしまう事態に目を向け，組織の「失敗」の研究に光をあてることになった．

また，サイモンが提示したプログラム概念は，課題に直面した人たちが参照するガイドラインを意味するが，これは，政策過程研究が扱う「政策」の概念と重なりあうところが多い．法律や計画などの形で存在する典型的な政策は，意思決定を行う際に参照される，まさに「プログラム」である．たとえば，刑法というプログラムは，警察官が犯罪を取り締まり，裁判官が法廷で判決を言い渡す際に参照するガイドラインである．地域防災計画は，災害対策を進める際に，あるいは災害救助活動を展開する際に，自治体関係者が参照するプログラムである．

このように考えると，政策を形成する過程というのは，そのような意思決定の拠り所となるプログラムを形成する過程でもあることがわかるだろう．

## 3.　アリソンの『決定の本質』

### ⑴　キューバ危機の概要

メディアの報道に触れていると，政治リーダーが重要な政策決定のすべてを単独で行っているような印象をもつが，それは錯覚である．政府が行って

表1-1　エクスコム

| ☆ 正式メンバー | |
| --- | --- |
| 〈国家安全保障会議〉 | |
| 大統領 | ジョン・F・ケネディ |
| 副大統領 | リンドン・B・ジョンソン |
| 国務長官 | ディーン・ラスク |
| 財務長官 | C・ダグラス・ディロン |
| 国防長官 | ロバート・S・マクナマラ |
| 司法長官 | ロバート・F・ケネディ |
| CIA長官 | ジョン・マコーン |
| 国家安全保障担当補佐官 | マクジョージ・バンディ |
| 統合参謀本部議長 | マクスウェル・D・テイラー |
| 〈国務省〉 | |
| 国務次官 | ジョージ・W・ボール |
| ソ連問題担当顧問 | リュウェリン・E・トンプソン |
| 〈国防総省〉 | |
| 国防副長官 | ロスウェル・L・ギルパトリック |
| 〈OB〉 | |
| 元国務長官 | ディーン・アチソン |

出典：マントン＆ウェルチ（2015）より筆者作成.

　いる政策決定は，ほぼすべてが集合的な決定であり，複数の人間が政策決定プロセスに関わっている．では，どのように集合的な決定が行われているのかであるが，ここで，政治学者の見解は異なってくる．

　このような集合的な政策決定に対する見方の違いをうまくまとめた研究があるので紹介しておきたい．アリソン（Graham T. Allison）が1971年に発表した『決定の本質』（*Essence of Decision*）である．本書で，アリソンは，ひとつの歴史的な政策決定を取り上げ，3つの違った説明の仕方を紹介している（Allison 1971）．アリソンが取り上げた事例は，1962年10月16日から28日にかけてアメリカとソ連の間で起こった「キューバ危機」である．まずは，事実の経緯を簡単に紹介しておく（マントン＆ウェルチ 2015）．

　ケネディ（John F. Kennedy）大統領の時代，世界はアメリカとソ連という2つの超大国が国際社会に君臨する米ソ冷戦構造の中にあった．ある日，ア

メンバー表

☆ 顧問
〈ホワイトハウス〉
大統領特別顧問　　　　　セオドア・C・ソレンセン
大統領特別補佐官　　　　ケネス・オドネル
国家安全保障会議事務局長　W・ブロムリー・スミス
〈国務省〉
国務次官代理　　　　　　U・アレクシス・ジョンソン
国連大使　　　　　　　　アドレイ・スティーヴンソン
中南米担当国務次官補　　エドワード・マーティン
〈国防総省〉
国防次官補　　　　　　　ポール・ニッツェ
〈中央情報局 CIA〉
中央情報副長官　　　　　マーシャル・S・カーター
情報担当次官　　　　　　レイ・クライン
　　　　　　　　　　　　アーサー・ルンダール
〈広報文化交流局 USIA〉
USIA 次長　　　　　　　ドナルド・ウィルソン
〈緊急計画局 OEP〉
OEP 長官　　　　　　　エドワード・A・マクダーモット
〈OB〉
元国防長官　　　　　　　ロバート・A・ラヴェット
元駐西ドイツ高等弁務官　ジョン・J・マクロイ

　メリカの諜報機関である中央情報局（CIA）からケネディ大統領のもとに驚くべき情報が伝えられる．ソ連の第一書記（最高指導者）フルシチョフ（Nikita S. Khrushchev）の指示のもと，キューバに核ミサイル発射施設が建設されているという情報だった．キューバでは，1959年，カストロ（Fidel A. Castro Ruz）が親米政権を倒して権力を掌握していた．カストロ本人は，革命後もアメリカと友好関係を維持する姿勢をみせていたが，アメリカ側は，キューバにおいて旧政権の関係者が処刑されていることなどを理由に冷淡な態度をとった．この扱いに憤慨したカストロは，ソ連に急接近し，その支援のもとで核ミサイルを自国に配備する決断する．キューバは，フロリダ沖にあり，ここに核ミサイルが配備されると，アメリカは，脇腹に銃を突きつけられるように，核の脅威にさらされることになる．
　ケネディ大統領は，1962年10月16日に国家安全保障会議を招集する．

ただし，ことの重大性もあって，従来のメンバーに加えそれ以前に関連重要ポストを担当していた人たちも招き「国家安全保障会議執行委員会」（通称「エクスコム」）として開催した．メンバーは，ケネディ大統領に加えて，ジョンソン副大統領，ラスク国務長官，ディロン財務長官，マクナマラ国防長官，ロバート・ケネディ司法長官，マコーン CIA 長官，スティーヴンソン国連大使，軍からはテイラー統合参謀本部議長が出席した．それ以外にも，大統領特別補佐官，大統領顧問，アチソン元国務長官，ラヴェット元国防長官も召集され対応を協議した（表 1-1）．

　エクスコムでは，事態に対応するために，①何もしない，②外交的な圧力，③カストロとの密かな接触，④キューバへの侵攻，⑤外科手術的な空爆，⑥海上封鎖など，様々なオプションが議論されたが，結局，「海上封鎖」を行うことが決定された．アメリカ海軍がキューバに向かう船を拿捕して，船に乗り込み臨検を実施してミサイルを積んでいるかどうかをチェックする措置である．10 月 22 日にケネディ大統領は，政府の決定を国民に伝えるためにラジオ・テレビ演説を行った．この決定はソ連との間で軍事衝突に至るリスクが高い選択であったが，24 日には海上封鎖が実施された．フルシチョフ第一書記は，アメリカの海上封鎖措置を受けて，キューバにおける核ミサイルの配備を断念するとアメリカ政府に伝えてきた．

　キューバ危機では，フルシチョフ第一書記（ソ連）がキューバに核ミサイルを配備しようとしたが，ケネディ大統領（アメリカ）は海上封鎖という決定を行い，それを受けて，フルシチョフ（ソ連）はキューバへの核ミサイルの配備を断念した．これが誰もが知る事実関係である．この有名な事件をめぐる政府の政策決定に関して，少なくとも 3 つの問いを立てることができる．第 1 に，なぜフルシチョフ（ソ連）はキューバに核ミサイルを配備する決定をしたのか，第 2 に，なぜケネディ（アメリカ）は海上封鎖の決定をしたのか，第 3 に，なぜフルシチョフ（ソ連）は配備を断念したのかである．ここでは，アメリカのケネディ政権に関する 2 つ目の「なぜ」に絞って解説したいと思う．

## ⑵　政治学のモデル＝概念レンズ

政治学では，この種のなぜを説明するために，「モデル」というものを使う．アリソンは，「概念レンズ」という表現を使ってモデルが分析において果たす役割を説明する（Allison 1971）．

キューバ危機をめぐって，アメリカ・ソ連両国の政権中枢，政府機関や軍の内部，ヨーロッパ諸国などで，様々な事象が発生した．もしも神のような情報収集能力をもつ人間がいて，その時点で起こったあらゆる事実に関する情報を完璧に集めることができたとしよう．しかし，完璧に情報を収集したとしてもそれだけでは，なぜケネディ政権が海上封鎖を決定したのかという「問い」に対する答えを導き出すことはできない．雑多な事実群の中から，解答に必要なものを選別しなければならない．膨大な事実の前に「レンズ」をおいて，レンズを通して事実を見ることで，説明に必要な事実と必要ではない事実を区別し事実関係を整理していく．

雑多な事実群の中から，何を重要と判断し説明に使うのかを決めるのがレンズの役割である．アリソンの言葉を借りれば，「分析者が求めている魚を捕らえるためには，どの池で，どの深さのところに網を入れなければならないのか」について指示するものである．このようなレンズを，アリソンは，「モデル」と呼んでいる．政策過程分析では，一般的に，記述モデル・分析モデルという言葉が使用されている．

モデルは，説明に必要な情報の範囲を限定し，情報と情報を結びつけて，説明に説得力をもたせる役割を果たす．アリソンは，政府の政策決定のなぜを説明する3つのモデルを提示している．ここでは，「なぜ海上封鎖という決定が行われたのか」という問いに対して，採用するモデルによって答えの出し方が違うことをみていきたい（Allison 1971）．3つのモデルとは，「合理的行為者モデル」「組織プロセスモデル」「政府内政治モデル」である．

## ⑶　合理的行為者モデル

アリソンが示す第1のモデルは，「合理的行為者モデル（rational actor

model)」である（Allison 1971: Chap.1）．このモデルでは，主語は，アメリカやソ連といった「国家」であり，あたかも国家がひとりの人間のように決定し行動すると考える．アリソンは，この本の執筆当時の1970年代初め，ほとんどの分析者が，国際的な事件をみる際に，暗黙裡にではあるが圧倒的にこのモデルを使うと述べている．

　このモデルでは，国家は，完全に合理的な人間のように，目的を設定し，情報を分析し，選択肢を並べ，もたらされる結果を完璧に予測する存在として描かれる．サイモンの「経済人モデル」のように，国家が常に最適な選択，意思決定を行うことを前提に説明が行われる．

　合理的行為者モデルでは，常に「あの国の決定には，合理的な理由があった」と考える．アメリカが海上封鎖の決定を行ったのは，海上封鎖の採用が，ソ連とのやりとりの中で最も有利に事態を収束させるという明確な見込みがあったからだと説明する．海上封鎖という強いメッセージを出せば，ソ連側も軍事衝突を避けた方が得策だと合理的に計算して，キューバへの核ミサイルの配備を断念する．そのような明確な計算があって，海上封鎖の決定をしたという説明になる．

　合理的行為者モデルという概念レンズは，解像度が低いがゆえに，それほどたくさんの情報を集めなくても使用することができる．たとえば，当時の米ソの軍事バランスに関する情報を踏まえて，軍事衝突をした場合，アメリカが圧倒的に優位に立っており，軍事衝突は避けたいとソ連が考える合理的な理由があったことを示す．アメリカには，諜報機関を通じてソ連の内情について正確な情報が入っており，海上封鎖という強いメッセージを送った場合のソ連の反応を事前に予想できていたことを示す．その種の情報を集めれば十分である．

　合理的行為者モデルは，研究対象となった国の政策決定が結果的に成功したときにとりわけ説得力をもつ．アメリカは，結果的にソ連によるキューバへの核ミサイル配備を阻止することに成功した．キューバに核ミサイルを配備するというソ連の決定は，軍事衝突のリスクを高め核戦争に至りかねない

状況を作ってしまったことからみて，果たして合理的だったのか疑わしいが，
後にアメリカとの裏交渉においてトルコに配備されていたアメリカの核ミサ
イルを撤去する約束があったことが明らかになる．この結末まで見越してソ
連がキューバへの核ミサイル配備を決定したという説明も一応は成立する．
一方で，トルコから核ミサイルを排除することを目的とした行動としては，
リスクが大きすぎるといった批判も成り立つ．

　このモデルのもうひとつのメリットは，物事をとてもシンプルに説明する
ことができる点である．テレビのコメンテーターたちが国際問題を解説する
際に，たいてい合理的行為者モデルを使ってなぜを説明している．ある国の
行動には合理的な理由があると説明されると，視聴者は納得しやすいことが
わかっているからである．そして，なによりも，視聴者は，相手が合理的に
判断して行動しているのならば，相手の立場にたてば行動をある程度予測で
きるという安心感が得られる．

　しかし，このモデルによる説明はあまりに大雑把で，あとで事実によって
否定される可能性も高い．たとえば，のちにケネディは，「相手がどう行動
するのかを全く予測することができず，不安だった」と振り返っている．ま
た，相手への疑念が危機的な事態を招いたという教訓から，この事件をきっ
かけに米ソの首脳間にホットラインが作られる．これらの事実は，アメリカ
もソ連も合理的な行為者として行動したわけではないことを物語っている．

　国益をどのようにして実現するかについての判断には，価値観やイデオロ
ギーが大きく影響する．アメリカという国の中で価値認識が一致していたわ
けではなく，国益の理解と実現方法をめぐって常に対立しているのが現実で
ある．実際，エクスコムにおいて，海上封鎖の結論に至るまで，とても激し
いやりとりが行われたことが伝わっている．国家は，人間の人格のように統
合された意志をもっていないというのが，このモデルに批判的なアリソンの
立場である．

　なお，現代の国際政治学では，ゲーム理論の分析枠組みを使って様々な
「なぜ」を読み解こうとする研究者たちがいる（鈴木・岡田 2013）．ゲームの

プレーヤーである国家が不完全な情報の中で合理性を追求しながらゲームを展開するというモデルが作られ分析が行われている. このアプローチは, 修正版ではあるが, 合理的行為者モデルに基づいているといえよう.

### ⑷ 組織プロセスモデル

第2のモデルは,「組織プロセスモデル (organizational process model)」である (Allison 1971: Chap.3). このモデルでは, 合理的行為者モデルのように, 国家を一枚岩の人格を持った行為者としてではなく, 複数の組織, 政府機関がゆるやかに連合している複合体として捉える.

たとえば, キューバ危機の対応に関連する組織として, 国防総省, 陸海空軍と海兵隊などの軍組織とその諜報部門, CIA, 国務省, 大統領の職務を補佐するホワイトハウス事務局などがある. 各組織を代表して, そのトップや幹部がエクスコムに出席している. これらの組織がアメリカの安全に関わる情報を収集し, エクスコムの参加者を通じて, キューバ危機への対応を議論するのに必要な情報を提供していた.

ここで留意すべきなのは, これらの機関は自分たちが収集した情報のすべてをエクスコムに上げていたわけではないということである. 彼らは, エクスコムの判断に役立つと思われる情報を取捨選択して送っていた. うがった見方をすれば, 自分たちの立場を有利にする情報だけをエクコム参加者に報告していたともいえる. サイモンが指摘したように, ケネディたちは, 判断に必要な情報に不足し, 限られた情報の中で議論していたことになる.

また, 選択肢も限られていた. エクスコムで検討された選択肢の中には, 特定の機関が強く反対したものがあった. たとえば, 西側の友好国との関係維持を重視する国務省は, ヨーロッパの域内やその周辺で軍事衝突が起こり, 第三次世界大戦に発展しかねない選択肢の採択に強く抵抗した. 会議の場では, 各組織が「拒否権プレーヤー (veto player)」として振る舞い, 合意可能な選択肢はかなり限定されていた. 検討対象から除外された選択肢の中にアメリカの国益にとって最善の選択があったのかもしれないが, きわめて限

定された選択肢の中で決定しなければならない状況に追い込まれていた．さらに，キューバ危機では時間の制約もあった．態度を明確に示さなければ，核ミサイルの発射基地の建設が既成事実化してしまう可能性が高かった．

　このように組織プロセスモデルでは，ケネディたちが最終的に海上封鎖という決定をしたのは，最適な判断を目指した結果だとは考えない．限られた情報，限られた選択肢，限られた時間の中で，サイモンのいう「満足化基準」に基づいて，関係者が受け入れ可能な「落とし所」を模索した結果が海上封鎖だったという説明になる．

　そして，組織プロセスモデルでは，エクスコムにおける海上封鎖を行うという決定で，キューバ危機をめぐる決定が完了したとは考えない．海上封鎖の決定は，各組織に振り分けられ，意思決定の連なりの中で実現されていく．各組織は独自の「プログラム」を持ち，それを発動させる形で組織は動きだす．たとえば，海上封鎖という決定を受けて，海軍では第二次世界大戦のときに使用していた海上封鎖マニュアルを発動させる．各組織は，個々にプログラムを発展させており，関係者はそのプログラムを頼りに意思決定を行うので，アメリカ全体からみると一貫性に欠ける行動が展開されてしまうこともよくある．

　組織プロセスモデルを概念レンズとして使用する場合，合理的行為者モデルよりも解像度が高い組織単位の分析が可能になる．このモデルを使って海上封鎖に関する政策決定を説明するためには，各組織がエクスコムに提供した（提供しなかった）情報，エクスコムで検討された選択肢と各組織の反応，海上封鎖をめぐって発動させたプログラムとそれに基づく行動の帰結といった情報が必要になる．

　組織プロセスモデルは，どちらかといえば対象とする政策決定が失敗したときに，その理由を説明するのに適している．たとえば，ソ連の執行部がキューバに核ミサイル施設の建設を検討したとき，決定に必要とされる十分な情報が関係機関からもたらされておらず，ケネディ政権の反応を読み誤った．ケネディ側もフルシチョフ側も，「合理性の限界」を抱える中で決定に

迫られていたという緊迫した状況が描けるという点で優れている．

逆に，その政策決定がうまくいったときには，このモデルでは，それはた
だ単に幸運だったという説明にとどまる．ケネディ政権が妥協の末にたどり
着いた海上封鎖という決定は，幸運にもソ連の核ミサイル配備断念という反
応を引き出した．そこでは，限定された条件の中で満足化基準のもとで決定
をしたという経緯が説明されるにすぎない．

また，エクスコムの決定は，アメリカが海上封鎖を行う際の引き金のよう
なもので，海上封鎖という決定が各組織に伝えられて次々に意思決定が行わ
れる一連のプロセスの中に位置づけられ，その集積がアメリカ全体の行動と
なって現れる．なぜ，そのような結果に至ったのかという「問い」に対して，
クリアな解答を示すことが難しい．

### ⑸　政府内政治モデル

3番目のモデルは，「政府内政治モデル（govermental politics model）」であ
る（Allison: Chap.5）．合理的行為者モデルでは国家に焦点が，組織プロセス
では組織に焦点が当たっていた．このモデルが焦点を当てるのは，実際に海
上封鎖の決定を行ったエクスコムに参加したエリートたちである．

重要なことは，エリートたちは一枚岩ではなく，それぞれが別の目的を
もって，キューバ危機への対応をめぐる「政治ゲーム」に参加しているとい
う点である．たとえば，ケネディ大統領は，国民の期待を裏切る決定はでき
ないという意識と歴史の審判に耐えうる判断をしたいという思いで，会議に
臨んでいた．軍関係者は，軍に対するアメリカ国民の信頼を損なうような対
応は避けたいと考えていた．

各プレーヤーは，自分の意見をエクスコムの政策決定に反映させるための
「カード」をもっている．たとえば，ケネディ大統領は，合衆国憲法に規定
されている軍の最高司令官としての権限をもち，最終的には命令権を行使し
て軍関係者や他の長官を従わせることができる．国民に直接訴えて支持を動
員するカードももっている．軍のトップは，作戦行動を実施するのに必要な

組織資源をもつ．彼の指示がなければ，軍事侵攻も海上封鎖もできない．自分の意見が通らなければ，会議の場を立ち去る行動をとることで，エクスコムにおける対立を暴露することができる．会議に参加するプレーヤーたちは，意見を出しあいカードを切りながら，自分の考えを最大限実現しようとする．そのような政治ゲームの「場」がエクスコムだった．

　組織プロセスモデルでは，各組織は他の組織の動向に無関心だと考えるが，政府内政治モデルでは，各プレーヤーは他者の動向に敏感で，その発言や行動に大きく影響を受け，影響を与えようとする存在として描かれる．ときに，相手の意図を読み誤るなどして，互いに相手の考えを完全には予測することができないままゲームが進行する．そのような政治的な駆け引きの結果として，産み落とされたのが海上封鎖という結論だったと説明する．

　キューバ危機の対応では，エクスコムという協議機関が設置されたので，エリートの特定は容易だった．彼らにインタビューを重ねることで，その会議で誰がどのような発言をしたのか，誰がどのような意図をもってカードを切ったのかを追っていくことができる．そして，たいていは，完全なる勝利者は存在せず，議論を重ねていくうちにいつの間にか海上封鎖という結論に至ったというストーリーが描かれる．実際，ケネディはのちのインタビューで，「なぜ自分が海上封鎖というリスクの高い選択をしたのかを説明することができない」と答えている．緊迫した状況の中で，気づいたら海上封鎖でいくという空気ができあがっていたのである．

　政府内政治モデルは，実際に政策決定が行われた現場に焦点をあて，そこで何が起こっていたのかを明らかにしていく．現実に起こったことに最も肉薄できるレンズの解像度が高いモデルである．ただし，キューバ危機の場合には，海上封鎖を実際に決めた会議体とそのメンバーが特定されているなど，このモデルに有利な条件がそろっていた．政府の政策決定の多くは，密室の中で行われていて，参加者の特定は難しいし，インタビュー対象が自分の意図や行動について真実を語ってくれるとは限らない．関係者が口裏を合わせて嘘をついている可能性すらある．

このモデルを適用して明らかになるのは，議論が煮詰まっていき海上封鎖という結論になっていたという，まるで説明になっていないことの成り行きである．これでは，この政策決定に関する分析から，将来に役立つ教訓を導き出すことができない．

## ⑹　政策過程研究におけるモデルの役割

以上のように，アリソンは，3つのモデルを用いて，キューバ危機において行われた政策決定のなぜについて，どのように説明することができるのかを示した．

3つのモデルでは，なぜ海上封鎖という決定が行われたのか，その理由の説明が異なることがわかる．合理的行為者モデルでは，アメリカが十分な情報をもとに，最善の方法として海上封鎖を選択したという説明になる．組織プロセスモデルでは，限られた情報，選択肢，時間の中で，満足化基準のもとで海上封鎖という決定が行われたという説明になる．政府内政治モデルでは，政策決定に関わるエリートたちが会議の場で議論を重ねていくうちに，いつの間にか海上封鎖という決定で意見がまとまったという説明になる．それぞれのモデルでは，分析する際に必要となる情報も違っている．モデルを適用することによって，何を調べる必要があり，何を調べる必要がないのかを区別することができる．

逆にいえば，政策過程を分析する者が，どのような説明をしたいのかによって，使うモデルが違うことを意味する．自分の主張が一番説得力ある形で提示できるモデルを探し出して，それに事実を当てはめていく作業を行うのが政策過程研究の一般的なスタイルである．

アリソンは，3つのモデルを示したが，分析のための概念レンズがこれしかないわけではない．本書で紹介していくように，政策決定だけでなく，政策過程の様々な局面においてたくさんの分析モデルが開発されている．モデルの中で，自分の主張を説得力ある形で示せるモデルを探し出す．そして，もしも適切なモデルがなければ自分で作ることになる．

## 4.　政策決定の瞬間をとらえることの意味

　わたしたちは，政治リーダーや政府が政策を決定した瞬間に立ち会うことが多い．政府が記者会見を開きメディアで報道されるのは，多くの場合，政策が決定された直後である．したがって，政策過程の中で政策決定の瞬間に何が起こっていたのかにどうしても目がいってしまう．しかし，唐突に政策決定の瞬間が訪れるわけではない．キューバ危機という極めて限定された期間における政策決定においても，その決定に至るプロセスがあるのがわかるだろう．

　サイモンの意思決定プロセスが示すように，政策の決定には，状況を把握し，選択可能な代替案を並べ，相互に比較を行い，最も効果が期待できる（あるいは満足できる）ものを選択するという検討のためのステップが存在する．ある政策決定の「理由」を明らかにしたかったら，その決定に至るまでのプロセスにおいて何が起こったのかを調べる必要がある．この政策の決定に至るプロセスは，次章で説明する政策形成プロセスと重なりあい，実際には区別することは難しい．

# 第2章
# 政策形成の理論

## 1. 多元主義に基づく政策形成過程研究

### ⑴ 多元主義的な政策過程理解

　本章では，政策過程のフェーズの中で，政策形成の部分を切り取ってみたい．政策形成過程は，多くの政治学の研究者が取り組んできた重要テーマであり，最も豊富な成果が蓄積されている．ここでは，政策形成過程の分析を行う政治学者が共通にもっている過程のイメージを紹介しておく．

　一般的には，政策は，政治リーダーか，あるいはごく限られた集団によって作られると考えられている．政策学では，このような人たちのことを「政策エリート」，政治学では「権力エリート」と呼んでいる．実際，多くの政策は，大統領や内閣といった政治機関で決定され，その政策がうまくいかなかったときには彼らが政治的な責任を負うことになっている．現実に，ごく少数の政策エリートたちが密室の中で政策を検討することがないわけではなく，次に紹介するように，その種のエリートが存在するかどうかで，研究者の中でも意見の対立がある．

　ただし，今の政治学では，政策の正式な決定に至るまでの政策形成の段階でたくさんの個人や集団が関わっているのが現実であり，政策形成を，複数の人間や集団が相互作用を繰り広げる集合的な行為だと捉えるのがどちらかというと主流となっている．通常，政策は，自分たちにとって望ましい内容になるように，様々な個人や集団がプロセスに関わった交渉の結果として生

み出される．特定の個人や集団が完全に勝利し，他の個人や集団が完全に敗
北するケースはあまりなく，関係者がある程度満足し不満が少し残るところ
で政策の内容は決まっていく．このような政策形成過程の理解を「多元主義
(pluralism)」という（Lindblom & Woodhouse 1992）．

　市場では「神の見えざる手」が働き，少しでも高い価格で売りたい生産者
と少しでも安い価格で買いたい消費者との間の緊張関係の中で需要と供給や
価格の均衡が成立するといわれる．同じように，政策はいろいろな人や集団
が自分の利益を最大限実現するように行動し，多様な利害の衝突と調整の結
果，均衡関係が成立して決まる「調整者なき調整」を通じて形成されるイ
メージで描かれる．そこにあるのは，ラスウェルがイメージした合理性に基
づく科学的な政策形成プロセスではなく，政治的なプロセスである．

　多元主義では，政策形成過程全体を支配する圧倒的な権力エリートの不在
を前提に，たくさんのアクターたちが思い思いのタイミングでプロセスに参
加し，自分の利益を実現しようとする相互作用の結果として生み出されたの
が「政策」だと考える．

### ⑵　ダールとハンターの「エリート論争」

　政策形成過程研究において多元主義と対立する見方に「エリート主義」が
ある．エリート主義理論では，特定の個人や権力エリート集団が政策形成過
程全体を支配していると考える．

　このエリート主義と多元主義の，それぞれの立場をとる研究者の間で行わ
れた有名な論争があるので紹介しておこう．ハンター（Floyd Hunter）と
ダール（Robert A. Dahl）の間で交わされた「エリート論争」である（古城
1967；中村 1962）．まずは，エリート主義的な研究の代表であるハンターが
1953 年に出版した『地域社会の権力構造』（*Community Power Structure*）を
紹介する（Hunter 1953）．

　同書の中では，調査対象の都市を「リージョナル市（The Regional City）」
と匿名扱いしているが，ジョージア州アトランタ市であることは衆目の一致

するところである．当市において，ハンターは，誰が重要な政策決定者なの
かをエリートに対するインタビューを通じて明らかにしていく．調査では，
アトランタ市で重要な決定に関わっていそうな人物 175 名から上位 40 名に
絞り込んだリストを作成し，有力者 27 名に権力をもっていると思う 10 名を
あげてもらう「声価法」という方法でエリートの特定が試みられた．ハン
ターは，「ソシオグラム」という個人と個人のつながりを線でつなぎ図に表
す手法を用いて，アトランタ市における権力構造を明らかにしていく．

　そこで浮かび上がった権力エリートたちの多くは，アトランタ市に本拠地
を置く大企業の経営者たちであり，全員「グランドビュークラブ」という会
員制のスポーツクラブに属していた．ハンターは，議会の議場でも市長室で
もなく，クラブのメンバーが集まるホテルの一室や有力者の自宅がアトラン
タ市にとって重要な決定が実質的に行われる場所だったと主張する．少数の
民間エリートが権力を掌握し，密室の中で日常的に重要な政策について話し
合い，市を動かしているという実態が描かれている．

　この種の主張に対して，ダールらが多元主義の立場から批判を加えた．ア
メリカを代表する民主主義の理論家であるダールは，直接ハンターの『地域
社会の権力構造』をターゲットにして批判を加える（Dahl 2005）．

　第 1 に，ハンターの調査方法である「声価法」に問題があると指摘する．
エリートの存在を前提として，40 名のリストがあらかじめ作られており，
評判を聴いたインタビュー対象もエリートに偏っていて，おのずと限定され
たエリートが残るように誘導されている．

　第 2 に，権力エリートの集団として「グランドビュークラブ」が特定され
たが，果たしてハンターがあげた事例は，アトランタ市にとって重要な政策
だったのかという点に疑問を呈した．同書でエリートたちが主導して決めた
という政策は，市にとってそれほど大切なテーマではなく，もっと重要度の
高い争点については，市長室やアトランタ市議会の議場など公式な「場」で
議論され決められていたのではないかと指摘した．

　ダールは，1961 年に出版した『統治するのはだれか』（*Who Governs?*）と

いう有名な本で多元主義の立場から政策形成過程を描いている（Dahl 2005）．
同書では，「争点法」という「声価法」とは違ったアプローチを用いて，勤
務していたエール大学があるニューヘブン市を対象にリサーチを行っている．

　ダールは，1950年代以降，この市にとって誰の目からも重要な政策課題
である，①中心市街地の再開発計画，②高等学校の移転問題，③公職への政
党立候補者指名問題という3つの争点をとりあげている．各争点について，
誰が政策の形成に関与したのか，誰の意向が最終的な決定に影響を及ぼした
のかを基準に影響力を調査していった．その結果，影響力という点でなんら
かの有力者とみなされる50名を特定したが，3つの争点すべてに関わった
者はいなかった．

　この調査の結果から，ダールは，ニューヘブン市を支配している権力エ
リート集団は存在しないと結論づけた．地域社会にとって重要な問題を解決
するために検討される様々な政策の形成過程において，常に決定的な影響を
及ぼしている権力エリートの集団はいないということである．

　ダールの研究は，ひとつひとつの政策については，影響を及ぼしている人
物・集団がいると考える点においては，エリート主義的な要素を残している．
しかし，ダールがハンターと論争したのは，「権力の所在」についてであり，
公式・非公式に限らず，政策過程を常に支配するような権力の独占者がいな
いことを主張する点において，ダールは多元主義に立っているといえる．

　一方，ハンターの研究では，特定のエリートが重要な決定を独占している
という主張に政治学者の目が行きがちであるが，グランドビュークラブを頂
点として，地域社会に張り巡らされた権力の全体構造を浮かび上がらせるこ
とを目的としたものである．地域社会における権力のネットワークを明らか
にしたハンターの研究は，社会学者たちから今もなお高い評価を受けている．

## 2.　アソシエーションと利益団体政治

### ⑴　政策過程におけるアソシエーションの役割

　政策形成過程を多元主義的視点でみる姿勢は，とりわけアメリカの政治学に特徴的にみられる傾向である．多元主義的な「物の見方」のルーツをさかのぼれば，トクヴィル（Alexis de Tocqueville）が描いた建国当時のアメリカの独特な民主主義の姿に行き着く．

　アメリカ建国直後に当地を訪れたフランス人貴族のトクヴィルは，そのときに観察した様子を『アメリカのデモクラシー』(*De la démocrartie en Amérique*) という本にまとめている（トクヴィル 2015）．この本の中で彼が注目したのは，「アソシエーション」がアメリカ社会において果たしている役割である．アソシエーションとは，共通の目的のために自発的に形成された自律的な組織であり，「結社」と訳されることもある．アソシエーションの範囲は広く，民間企業／業界団体／学校／教会／労働組合も含まれる．現代では，NPO／NGO などの市民社会組織も重要なアソシエーションである．

　トクヴィルは，アソシエーションを，政治的な目的をもったものと，民事的な目的をもったものに分類している．特に，学校／病院／教会などの民事的な目的のために形成されたアソシエーションが果たしている役割に注目した．アメリカ人は，複数のアソシエーションに所属し，活動を組織化する技術を学び，草の根で活動を展開するスキルを修得しているとトクヴィルは考えた（宇野 2007）．民事的な目的のためのアソシエーションは，政党などの政治団体と同様，個人と国家を結びつける中間団体としての機能を発揮していると評価している．

　当時の大陸ヨーロッパのアソシエーションは，報道機関や労働組合にみられるように，国家権力に対抗する存在として国家から敵視されていたが，アメリカにおいては，むしろ社会の側から積極的に国家を支える役割を果たしてきた．民事的な目的で活動するアソシエーションであっても，政策過程に

積極的に関与し，自分たちの考えを訴える機会がたくさん設けられている．アメリカではそのような社会こそが民主的だと考えられてきた．

　議会の選挙に勝利したからといって，次の選挙まで権力を独占することができるわけではなく，個別具体的な政策に関する議論に誰もが参加できるようにしなければならない．このような思想は，建国の父たちがアメリカ合衆国憲法を起草する際に，自分たちの意図を記した『ザ・フェデラリスト』にマジソン（James Madison, Jr.）が寄せた文章によく表現されている（ハミルトン他 1998）．彼は，いずれかひとつの党派がその党派に属していない人を数で圧倒したり，抑圧したりするのを防ぐためには，党派の数を多くすることが安全で望ましいと書いている．そのように分権化した社会において，国家と個人をつなぐ中間団体としての役割を果たすのがアソシエーションなのである．

　このように，政策過程が常に開かれていて，多数のアソシエーションが参加できる状態にあることが民主主義の観点から理想であるという考え方が，アメリカでは根強い．この民主主義観のもと，「実際の政策過程もそうあってほしいという気持ち」の表れで，アメリカの研究者たちに，政策過程を多元主義的にイメージする傾向が生まれたと考えることができる．

　しかし，現代社会において，人々の価値観が多様化し社会が流動化する中で，アメリカ以外の国においても，様々なタイプのアソシエーションが数多く形成され，NPO/NGO などの市民社会組織や社会的な責任を意識した民間企業が公共的な問題の解決に重要な役割を果たすようになってきている（Hirst 1994）．このような背景の中で，アメリカにかぎらず，多様な主体が政策過程に関わることができる状況は，参加型民主主義という観点から望ましいものとして捉えられるようになってきている（Pateman 1970）．

### ⑵　利益団体政治と政策形成過程

　アメリカ流の民主主義観に基づけば，議会で議論されている法律が自分たちに不利なものにならず，利益をもたらすものとなるように，利益団体が議

員にアプローチする「ロビイング活動」も正当化される．アメリカの政治学では，伝統的に，どのようにして利益団体が形成され，実際の政策形成過程に影響を及ぼしているのかに関する研究が盛んに行われてきた（真渕 2003；辻中 1988）．

　政治の場で議論されている政策が自分の利益に大きく関わる場合，選挙で投票する以外に影響を及ぼす有効な方法はないのだろうかと考え，共通の利益をもった人たちが集まり，利益を実現するために「利益団体」を結成する．入会資格を定め，リーダーを選び，団体の活動計画を決定する手続きなどを定める．このような利益団体がロビイング活動を展開するなど政治的な行動をとる場合，「圧力団体」と呼ばれる．どの国でも，ほぼすべての政策分野において利益団体が作られ，自分たちの利益を実現するべく圧力活動を展開している．

　利益団体には，大きく分けて「セクター団体」と「価値推進団体」がある．セクター団体は，経済団体／業界団体／労働組合／農業団体／日本医師会・弁護士連合会といった専門家団体など，自分たちの経済的な利益を守る，あるいは拡大するために作られている組織である．ただし，セクター団体であっても，より大きな社会的支持を得るために，公共的な問題を解決するためのアイディアや政策を政府に提案することもある．

　価値推進団体は，自分たちの経済的な利益とはほとんど関係ないけれども，大切だと思っている価値や理念の実現を求めて活動している利益団体である．たとえば，反戦運動や反核運動を展開する団体／自然環境保護・動物保護・地球温暖化対策などの必要性を主張する環境団体／人権保護団体／消費者保護団体など，様々な価値推進団体が作られている．これらの団体の多くは，ビジョンや価値を共有する海外の団体との間にネットワークをもち国境を越えて活動する点に特徴がある．

　利益団体の多くは，政策形成過程にコミットする政治的アクターとして活動している．政治家や官僚など，政策形成過程において重要な役割を果たしている人や集団に対して，自分たちのもっている権力資源を使って影響を及

ぼそうとする．利益団体は，一般的に，次のような権力資源を保持している．

　第1に，組織力である．最もわかりやすい形で組織力を活用する団体が労働組合である．労働組合は，組合員を動員しストライキを起こして，自分たちの権利を主張する．労働組合が連携して，全国一斉にストライキを起こす可能性を取引材料にすることで，自分たちの主張を政策に反映させようとする．また，選挙の票をめぐって利益団体は政治家に影響力を行使することができる．多くのメンバーを抱える利益団体は，確実に組織票を提供することができるので，この票を取引材料に政治家と交渉することができる．

　第2に，利益団体が活用している権力資源として，資金力がある．特に，業界団体や経済団体は，豊富な資金力をもち，献金などを通じて，政党や政治家の政治活動を支えることで，彼らの行動に影響を及ぼそうとする．

　第3に，利益団体は，情報資源も活用している．たとえば，科学技術に関する知識を権力の手段として活用している．原子力技術に関する高度な知識をもっていない政治家や官僚たちは，原子力政策を有効に展開するために，専門知識をもつ電力会社や原子力メーカーの協力を必要とする．また，政策対象に関する情報も権力資源として重要な役割を果たす．最新の企業の動向や世界のトレンドなど，産業政策を展開するのに必要な情報を，最前線にいる企業や業界団体はもっている．また，国際 NGO は，現地の状況に関する情報を集めている．政府が途上国援助を展開する際に，国際 NGO からもたらされる情報は貴重で，NGO は現地の情報を提供するかわりに，政府に実現してほしい対応を要求する．

　政策形成過程と利益団体の関係を考えるときに見過ごせないポイントは，利益団体の間で利害の対立があるという点である．政策の内容にもよるが，経営者団体と労働組合，国土開発を担う建設業界と環境保護団体，農業の保護を重視する農業団体と農業の自由化を求める流通業界など，様々な利害が対立している．政策形成過程は，利害対立の中で自分たちの利益を最大限実現しようと行動する多数のアクターの相互作用で成り立っている．つまり，「自動化の選好」をもつ政策科学が理想とするような科学的・合理的な過程

ではなく，複数の対立する利益が調整される「政治の場」であり，政策は，
政治的な交渉を通じて利益が調整された結果だと考えられている．

## 3.　インクリメンタリズムに基づく政策形成過程研究

### ⑴　PPBS の導入とその挫折

　もうひとつ，政策形成過程を分析するときに，多くの政治学者に共有され
ているイメージに，「インクリメンタリズム（incrementalism）」がある．政
治学者のリンドブロム（Charles E. Lindblom）がすこしずつ変化して目標に
近づいていくプロセスを，「インクリメンタリズム」という言葉で表現した
ことをきっかけに政策学の世界で定着した概念である（Lindblom 1959）．

　アメリカでインクリメンタリズムが主張された背景には，ある予算改革の
失敗のほろ苦い経験がある．アメリカでは第二次世界大戦中，軍事分野で，
「オペレーションズ・リサーチ」という分析ツールが開発された．これは，
軍の作戦行動を計画する際に，たとえば，どのくらいの性能の大砲をどこに
配置すれば最大の作戦効果をあげることができるのかといった問題を数理的
に解析する手法である．これが戦後，工場の現場や企業戦略の立案にも活用
されるようになっていた．ここから，政策形成過程において最善の選択肢を
選ぶ方法として，「システム分析」という方法が開発された（片岡1978）．数
値目標を立て，その目標を達成する可能性がある選択肢を並べて効果を客観
的に比較し最善のものを選択するというステップをとる手法である．

　このシステム分析を現実の予算編成過程に導入したのが国防総省である．
1961年，ケネディ大統領は，自動車会社フォードの社長のマクナマラ
（Robert S. McNamara）を国防長官に抜擢した．マクナマラは，アメリカ最
大のシンクタンクで，システム分析を手がけてきた「ランド・コーポレー
ション」から経済アナリストたちを呼び寄せ，軍の予算改革に着手した．軍
の無駄遣いの原因は前年度主義にあると考え，組織ごとに予算要求を行う
「組織別予算編成方式」を改め，すべての予算項目を武器調達／研究開発／

作戦行動といった機能別に組む「機能別予算編成方式」に変更した．そうすれば，ある政策目的の実現とそれに必要な予算を対応させることができるからである．これまで前年度主義でなし崩し的に決められてきた予算を一から洗いなおし，ひとつひとつの予算項目について，本当に必要なのか，その方法が最善なのかを問いなおすことで，予算を削減しようとしたのである．

この方式は，のちに PPBS（Planning Programming Budgeting System）と呼ばれるようになる（宮川 1969）．長期計画（plan）と単年度の予算編成（budget）を中期計画の「プログラム（program）」を媒介として結びつけ，単年度の予算項目の内容は，プログラムに書かれた目標の中で最善のものであることを求めるというのが PPBS の基本的な考え方である．この方式は，目的が明確で予算項目の対応関係がわかりやすい軍組織を抱える国防総省のような機関では一定の成功を収めた．大幅な予算の削減に成功したことで，PPBS に対する信仰が生まれた．そして，ケネディ暗殺後に大統領に就任したジョンソン（Lyndon B. Johnson）大統領が 1965 年 8 月の大統領命令により，この PPBS 方式をすべての連邦機関に適用することを義務づけた．

ところが，これが大失敗に終わった（Schick 1973）．失敗の理由を 4 点にまとめておく．

第 1 に，高度に科学的な分析を一般の連邦職員が担うことができず，結局，外部のシンクタンクに依頼することになり，多額の維持コストが計上されることになってしまった．ペーパーワークも本来業務に支障をきたすほど増えていった．予算削減を目的に導入した PPBS だが，それを実施するためのコストが予算の削減効果を上回ってしまったのである．

第 2 に，教育や福祉の分野を担当する機関のように，政策の目標を数値で明示し，その達成を確認することが難しい部門があった．たとえば，貧困家庭への教育支援の効果を数値で示すことは難しい．10 年以上経過して，教育支援の対象者が成人として社会で活躍するところまで確認しないと本当の効果はわからない．また，研究開発では，失敗を繰り返しながら作業を進めるので，成功に至るまでは失敗の結果しか示すことができない．システム分

析の裏づけのない事業には予算が割り当てられないという方針が打ち出されたが，効果の数値化が可能であることと政策の重要性は無関係であり，結果として数値化できない重要な政策が軽視されることになってしまった．

　第3に，政策の効果を予測して実施したにもかかわらず，期待通りの効果が得られないケースが多数確認された．政策を作ったときには予期できなかった事態が実施段階で発生して，効果の発現を妨げるからである．この問題については，第4章の政策実施の理論のところであらためて取り上げる．

　第4に，連邦機関が専門家に分析を依頼する際に，従来の政策が最善であることを示すデータを上げてくるように求めていたことがわかった．客観的な分析のようにみえても，扱うデータの種類やモデルの選択，分析の導き出し方の工夫などで，結果を操作する余地があり，予算の削減に結びつかない部門がたくさんあった．

　以上のような様々な問題点が明らかになって，1971年，共和党のニクソン（Richard M. Nixon）が大統領に就任すると，PPBS は廃止された．

### (2)　リンドブロムのインクリメンタリズム

　PPBS には，サイモンのいう「経済人モデル」に基づいて，目標を一気に達成する最善の方法を発見しようとする姿勢がみられる．しかし，人間の予測能力は不完全であり，最初から問題に対して完全かつ最善の解決を望むのは現実的ではない．また，ある時点で立てた目標がその後も維持されるとは限らず，状況の変化に応じて目標が見直されることも多い．

　1959年，リンドブロムは，PPBS の導入より以前にシステム分析を取り上げ，この分析手法が前提としているアプローチを「合理的包括主義モデル」と呼び，これを批判する論文を発表していた（Lindblom 1959）．そこで，彼が主張したのが「インクリメンタリズム」という考え方だった．システム分析のように一から費用と効果を考えていたのでは，その作業自体にコストがかかってしまう．現時点を前提として，そこからどのように動くのかを考えるべきであると主張した．たとえば，予算の場合，前年度主義に基づき，現

予算の実績を前提に，それより上乗せするのか削減するのかを検討する方が効率的である．政策形成の現場からみれば，合理的包括主義モデルは非現実的である．最終目標に至る最善の道筋を探索するよりも，ある特定時点，ある条件の中で，どれが望ましそうなのかを満足化基準に基づいて決定するインクリメンタリズムの方が，実は理にかなっていると論じている．

このインクリメンタリズムの発想が，多元主義と結びついて，アメリカやヨーロッパにおける政策形成過程の分析を特徴づけている．多様なアクターの相互作用の結果として政策が形成され決定されるが，多くの場合，その政策によって認識されていた問題が完全に解決されるわけではない．その政策を実施し，効果を評価した結果，問題が解決されていないことが明らかになり，次の政策形成過程が始まる．以前の政策の内容に満足していないアクターたちは，利益の拡大や価値の実現を目指し，再開された相互作用に臨むのである．

## 4. 多元主義的な政策形成過程分析の事例：郵政民営化

### (1) 郵政民営化と自由民主党

政策形成過程を多元主義的な視点で分析したらどうなるのか，郵政民営化をめぐるプロセスを取り上げて示してみたい（伊東 2019）．

昔，郵便局は国営企業だった．郵便局職員は国家公務員で，郵政省（2001年に総務省へ統合）が所管してきた．郵便，郵便貯金，簡易保険という3つのメインのサービスを展開し，日本最大の輸送会社であり，金融機関であり，生命保険会社であった．

橋本龍太郎首相が発足させた「行政改革会議」が，1997年に，郵便は国営とし，郵便貯金は民営化を準備，簡易保険は民営化するという答申を出した．当時，すでに日本国有鉄道は民営化され JR に，専売公社も民営化され JT になっており，一定の評価を得ていた．国営企業の民営化は世界的な潮流でもあり，政府内で郵政の民営化の検討が進められたが，お膝元である自

由民主党（自民党）の議員たちの猛反対にあい，結局，「郵政公社」を設立，局員は国家公務員の地位を維持することになった．

　郵便局には，中央郵便局という郵便局の拠点となっている組織と，街なかにあって代々続くお店といった風情の特定郵便局がある．特定郵便局の局長たちが作る利益団体「全国特定郵便局長会」は，自民党にとって大切な支持母体であり，長年にわたり議員たちの活動をサポートしてきた．この団体にとって郵政民営化は，輸送については民間の宅配業者と，預貯金についてはメガバンク／地方銀行／信用組合と，保険については民間の生命保険会社と，それぞれの市場で競争しなければならないことを意味した．全国特定郵便局長会は，当然，郵政民営化に反対であることを表明し，その意を汲んだ自民党議員たちは抵抗勢力として振る舞った．

### ⑵　小泉純一郎と郵政民営化

　このような状況のなか，2001 年 4 月に小泉純一郎が総理大臣に就任した．小泉は，かねてより郵政民営化を持論として唱えてきた．歯に衣着せぬ発言で一般国民に人気があった小泉は，派閥の多数派工作ではなく，党員選挙で圧倒的な支持を得たことをバネに党の総裁選に勝利し首相の座に就いた稀有な存在だった．彼は，内閣発足と同時に郵政民営化の実現に向けて動き出したが議論は遅々として進まなかった．

　郵政民営化を実現するためには，まずは自民党内の議員たちを説得する必要があった．2004 年 9 月，郵政民営化に早い段階で賛同していた武部勤を自民党の幹事長に抜擢する．党幹事長は，当時も今も，立候補にあたり党の公認を決める権限をもつ最重要ポストである．

　小泉首相は「構造改革なくして景気回復なし」をスローガンに，メディアを巧みに利用しながら国民に支持を訴えた．当時，郵政公社のような国営企業は，競争にさらされず，赤字が出ても最終的には税金で補填されるので，経営に緊張感がなく合理化の努力が不十分であると批判されていた．時代の流れもあって，財界からも郵政民営化の支持を取りつけた．

　そして，ようやく党内での議論が始まったが，自民党議員はほぼ全員が反対した．郵政公社を所管している総務省の官僚たちもサポートに回り，郵政民営化のデメリットを列挙した資料が作成された．もちろん，全国特定郵便局長会は，各議員に反対するように，それぞれの地元で要望した．党としての政策を議論する政務調査会でも，反対意見が圧倒的に多く，審議は難航した．

　小泉首相は自民党の反対派議員にも受け入れられやすいように法案の内容を変更することで妥協の道を探り，説得工作はある程度功を奏した．最後は，党の一部の議員の反対を半ば強引に押し切って，郵政民営化関連法案を閣議決定し，国会に提出した．2005年7月5日に行われた衆議院本会議での採決では，わずか5票差で法案は可決したが，8月8日の参議院本会議での採決では，自民党から党議拘束に従わない造反者が出たことが原因で否決されてしまった．

　この参議院での否決を受けて，小泉首相は，総理大臣の憲法上の権限を行使して衆議院を解散し，直接有権者に郵政民営化の是非を問うという行動に出た．立候補者に対しては，党の公認を決める際には郵政民営化に賛成することを表明させた．反対を貫く議員に対しては，党として公認せず，選挙区に刺客として知名度のある対立候補を送り込むという露骨な対応をとった．その結果，ほとんどの自民党議員は，郵政民営化に賛成せざるを得ない状況に追い込まれた．このような党の厳しい対応は，全国特定郵便局長会に対する議員たちの言い訳にも利用された．

　小泉人気もあって，この選挙で自民党は3分の2を超える議席を獲得して大勝し，郵政民営化に向けての動きは，一気に加速した．2005年10月14日，特別国会において，以前否決されたものと同内容の法案が可決成立し，法律は，翌06年4月1日に施行され，郵政の民営化が実現した．

### (3) 郵政民営化の帰結と政策形成過程

　以上のように政策形成過程を描くと，小泉首相と武部幹事長などの政権中

枢の権力エリートが郵政民営化のスキームを作ったのではないかとエリート主義的な過程として理解する人もいるに違いない．しかし，実際には，郵政民営化法案の内容を検討する段階で，小泉首相の意志が固く，国民も支持している状況のなか，郵政民営化を阻止できないと考えた総務省の官僚や自民党議員たちは，郵政民営化の中身を骨抜きにしようと画策していた．

　最終的な郵政民営化のスキームでは，郵政公社が廃止され，日本郵政株式会社／日本郵便株式会社／株式会社ゆうちょ銀行／株式会社かんぽ生命保険という4つの民間企業と，独立行政法人郵便貯金・簡易生命保険管理機構という組織が発足することになった．法的にみれば，小泉首相が主張していた郵政民営化が実現したといえる．

　しかし，街の郵便局では，郵政民営化前と変わらず，郵便・貯金・保険の3つの窓口カウンターが並び，同じ郵便局員が窓口を担当している．郵便の輸送システムは維持され「ゆうパック」は競争上優位にあり，「郵便法」で信書の輸送については特別の地位が与えられている．国民は，郵便貯金やかんぽ生命保険が破綻するとは考えていない．つまり，郵政民営化に反対した官僚や自民党議員たちは，郵政民営化の後も，特定郵便局が厳しい競争にさらされることなく，従来通りに業務を継続できるようにスキームを作っておいたのである．加えて，郵便局は，民間企業という地位を利用して，サービスの範囲を拡大する自由も獲得した．

　以上のように考えると，小泉首相は，この件の完全なる勝利者とはいえないが，宿願であった郵政民営化を形だけでも成し遂げることに成功した．民営化により全国郵便局長会に名称を変更した全国特定郵便局長会は，民営化を阻止できなかったという点では敗者なのかもしれないが，業務内容は大きく変わらず，郵便局長の地位が脅かされなかったという点では勝利者だった．自民党議員たちは，郵便局長会との協力関係を維持することに成功し，総務省の官僚たちは，郵便局を政策対象として新しく関係を構築することになった．このように，郵政民営化をめぐる政策形成過程において，多様なアクターが相互作用しながら，互いに妥協点を探りあい，均衡点として落ち着い

たのが，当時の郵政民営化のスキームだったといえる．

　しかも，郵政民営化関連法案の成立で，このプロセスが終わったわけでなく，少しずつ郵便局のあり方に関する改革が行われている．小泉政権の郵政民営化は，とても重要なターニングポイントではあったが，郵政関連の政策の大きな流れの一部にすぎず，関係者はそのことを意識して関わった．こう考えるならば，インクリメンタリズムの視点に立っているといえる．

## 5.　政策形成過程研究が抱える本質的な問題

　以上の説明で，政策形成過程を多元主義的に分析するイメージをつかめたのではないだろうか．政治学者は，ある政策が，なぜそのような内容になったのかを説得力ある形で説明しようと試みる．政策形成過程に影響を及ぼした人物や集団を特定し，どのようなタイミング，どのような形で影響力を行使したのかを示す．それに対抗しようとする人物や集団との間の相互作用の結果として，政策の内容が生み出されていく過程を描く．

　しかし，郵政民営化がそのような経緯をたどったことはわかるが，他の政策が同じようなプロセスを必ずたどるという保証はない．むしろ，郵政民営化をめぐる政策形成過程は，ひとつの争点をめぐって総選挙まで実施された極めて特別なケースである．たとえば，安倍政権下で強行された安全保障法制については，全く異なる経路をたどったことがわかっている．

　多元主義的な視点による政策過程研究は，歴史研究と同じで，調査を通じて過去にあったことを説得力ある形で説明することはできるかもしれないが，そこで明らかになった事実が他のケースに当てはまるかどうかは確定的ではない．時代や状況によって，政策分野によって，違うプロセスをたどる可能性がある．郵政民営化が極めてレアなケースで，日本における政策形成の一般的なプロセスではなかったとするならば，その成果が他の政策形成過程の研究に示唆を与えることができないという問題に直面する．これを本書では「一般化問題」ということにする．

　もうひとつ，多元主義的な見方による政策形成過程の分析は致命的な問題を抱えている．この種の分析では，ある特定の政策は多様な人や集団が自分たちの利益を政策に反映させようと相互作用した「結果」ということになる．政策過程を緻密に描けば描くほど，それ以外の内容にはなりようがなかったことを論証してしまうことになる．これを「決定論問題」ということにしよう．

　「なぜ政策過程を研究するのか」というラスウェルの政策科学をめぐる議論の入り口に立ち帰ると，その答えは，「よりよい政策の実現に貢献したい」と考えているからである．しかし，たとえばある研究者が「小泉政権下の郵政民営化過程を通じて実現したスキームは，全く民営化になっていない」と批判し，もっと徹底的に進めるべきだったと主張しても，その主張はなんら社会的な意味をもたないことになる．なぜなら，政策の内容を批判しているその研究者も，政策形成過程に影響を及ぼそうとする多数のアクターのひとりに還元されてしまうからである．政策の内容に影響を及ぼすことができるとすれば，その人は権力エリートであり，政策形成過程を多元主義的な視点で分析した結果と矛盾することになってしまう．

　多元主義的なアプローチで政策形成過程を研究して明らかになるのは，その内容でしか決まりようがなかったという事実，他の経路はなかったという事実であり，そのようにして生み出された政策の内容についてコメントしてもあまり意味をもたないということになる．緻密に論証すればするほど，政策の中身について論評することが難しくなるというジレンマを政策過程の研究者は抱えてしまうのである．

# 第3章
# 政策課題の設定理論

## 1. 課題設定段階を研究する必要性

　政策過程は，政策に関わる人たちが，ある問題についてこれは政策を作って解決するべき課題だと認識して，はじめて動き出す．問題が起きれば自動的に政策形成過程が始まるのではなく，政策課題として取り上げられる問題もあれば無視される問題もある．

　政治学の「権力論」では，権力者が，特定の問題を争点化させないように，抑圧したり無視したりして，支配－被支配の関係が存在すること自体を覆い隠そうとする権力行使のスタイルが論じられている（Bachrach & Baratz 1962）．この種の権力の形は，あからさまな強制力の行使を行う「権力の第一次元」に対して「権力の第二次元」と呼ばれている（Lukes 2005）．強制的な権力を発動する決定を行わないですむように働く権力を「決定回避権力」という．

　たとえば，水俣病という公害病がある．熊本の水俣周辺でひどい症状で苦しんでいる人がたくさん発生したにもかかわらず，原因物質の水銀を川に流した会社も，当時の政府も，これが公害病であるということを認めなかった．地元の人たちが被害者として認められ救済されるべく，政府に政策の課題として取り上げ，必要な政策を作るよう求めていたにもかかわらず，裁判で判決が出るまで，政府も会社も公害病対策に消極的な姿勢を続けていた．つまり，そこに取り上げるべき政策課題があるということ自体が隠蔽されていた

のである.

　もちろん，関係者が問題の存在そのものに気づいていなかったり，問題の存在は知っていたが重要性を認識していなかったりする場合もあるだろう．政策過程を研究しようとするならば，政策形成・決定が行われる前の段階に注目し，そこで何が起こっているのかを分析する必要がある（笠 1988）.

　以上の問題意識のもと，どのような条件がそろえば，ある問題が政策を作り取り組むべき課題として設定されるのかについての研究が進められてきた.

## 2. コブとエルダーの「課題構築モデル」

### (1)　課題構築の3つのルート

　政策課題が設定されるフェーズに関する初期の研究で重要なのは，コブ（Roger W. Cobb）とエルダー（Charles D. Elder）の「課題構築モデル」であろう．1972 年，コブとエルダーは，『アメリカ政治における参加──課題構築のダイナミクス』（*Participation in American Politics: The Dynamics of Agenda-Building*）という本を発表した（Cobb & Elder 1972）．同書で，彼らは，ある地域において，集団と集団の間の紛争（conflict）から発生した争点（issue）が，紛争管理者である政府に認識され課題（agenda）に設定されるまでの過程を追っている.

　彼らの定義によると，課題とは，「権威ある意思決定者によって積極的かつ真剣に考慮の対象となった一連の項目」である．政策の対象となる争点は，政府の内部や外部で作られ，政策の対象となる課題に成長していく．コブとエルダーは，課題構築のプロセスを説明するモデルが3つあるという.

　第1に，「動員モデル」である．これは，政府が，ある争点を広く大衆的議題に拡大させることによって政策を実行に移そうとする過程を説明するモデルである．政府主導で，社会が直面している課題を PR して，国民一般の関心を集め，その課題の解決に協力してくれるように呼びかけるパターンである．たとえば，現在，SDGs（Sustainable Development Goals）の実現を目

指し，政府や自治体は，課題解決に国民を動員するキャンペーンを展開している．その過程を研究するのが動員モデルである．

　第2に，「内部主導モデル」である．政府は争点の存在を認識しているが，大衆的な課題に拡大するのを望まず，政府の中で政策の課題を設定し政策を形成する過程を説明するモデルである．いわゆる「不都合な真実」があり，国民にはなるべくその事実に目を向けてほしくないが，その課題の解決は必要で，政策課題が秘密裏に設定されるプロセスを扱う．特に，外交や安全保障の分野で，この種の争点は数多くある．

　第3に，「外部主導モデル」である．政府の外で争点が発生し，その存在が広く国民の知るところとなり，公的な課題として設定されると考える．コブとエルダーは，このモデルに基づいて，あるところで局地的に発生した紛争が争点となって拡大し多くの人の目にとまるようになり，政府が公的課題として取り上げるに至るプロセスを説明しようとした．

## ⑵　公式の課題の類型

　紛争から争点へ，争点から公式の課題へという外部主導型の政策課題の構築過程における分析の最終地点は，政府が政策の対象となる課題であると認め公式に取り上げることである．この公式の課題を，コブとエルダーは，「旧項目」と「新項目」に分けている．

　旧項目とは，その社会が過去に直面したことのある課題である．旧項目には，習慣的項目と周期的項目がある．習慣的項目の代表例は，予算である．毎年決まった時期に，来年度の予算について課題として議論することがスケジューリングされている．周期的項目とは，あらかじめ検討する時期が決まっているわけではないが，過去に何度も繰り返し政策課題として設定されたことのあるテーマである．たとえば，行政改革や公務員制度改革などは，明治時代の近代国家成立以降，何度も公式の課題として設定されている．もちろん，コブとエルダーが関心をもつのは，そのような旧項目ではなく，新たな争点から公式の課題となる新項目である．

　新項目にも2つのタイプがある．1つは，自動的に争点化し課題となる項目である．たとえば，第1章で紹介したキューバ危機，東日本大震災や東京電力福島第一原子力発電所の事故，新型コロナウィルスの感染拡大のように，問題が大きくかつ深刻で，当然に政府が取り組むべき正式の課題となるタイプのものがある．

　コブとエルダーが注目するのは，もうひとつのタイプの「経由された項目（channeled items）」である．政党や一般の有権者など，当事者とは別の主体を経由して，ある地域において局地的に発生した紛争が争点化し，政府が取り上げ公式の課題となるに至るものである．この項目については，状況によっては，争点化されなかったり課題の設定に結びつかなかったりする場合もある．ふたりは，なぜある争点は公式の課題となり，ある争点がなり損なうのかを研究している．

### (3)　争点の創出

　では，ある地域において局地的に発生した紛争がどのようにして争点になっていくのだろうか．コブとエルダーは，2つの条件が必要だと述べている．

　まず，その紛争を争点にするべきであると主張する「発案者」の役割を担う個人あるいは集団が存在することである．発案者にも，いくつかのタイプがある．

　第1に，「再調整者（re-adjustors）」である．これは，現状において不利益を被っている集団が新たな資源配分を求めて争点化を主張する場合である．たとえば，障がい者団体が，自分たちは移動の自由を奪われており，そういう現状を改善するのが政府の責任であると争点化を要求する．

　第2に，「利用者（exploiters）」が発案者の役割を担う場合である．利用者は紛争当事者ではないが，争点に取り上げられると自分の利益につながると考えて主張する．たとえば，デジタル化の遅れの争点化をIT企業や通信事業者，システム開発会社が主張するときがこれにあたる．

　第3に，「環境反応者（circumstantial reactors）」である．これは，銃の乱射事件をきっかけに銃規制を強化するべきだと主張するなど，メディアの報道などに触れ，ある特定の出来事から自分の利益とは直接関係ないが争点化するべきだと考えるようなタイプの発案者である．

　第4に，「社会改良家（do-gooders）」である．特定のテーマに関心をもっているわけではないが，これを取り上げることが社会の改善につながりそうだと見込んで争点化に動く人たちである．

　争点が創出されるもうひとつの条件は，コブとエルダーが「引き金となる装置（triggering devices）」と呼ぶ争点化のきっかけとなる事象の発生である．多くの場合，突発的な出来事が発生し，それをきっかけとして隠れていた紛争の存在が明るみに出る．たとえば，警察官から黒人男性が暴行を受けて亡くなり，そのシーンが SNS で拡散されたことがきっかけとなって暴動が発生し，アメリカ社会における人種差別の実態が明るみに出る．自然災害／暗殺／暴動／大規模デモなどの事件や，SNS やスマートフォンの普及といった技術革新が「引き金となる装置」になる場合もある．

　以上のような争点の創出には，隠れていた紛争を表に引っ張りだし，争点化を発案する人に情報を伝える報道機関が重要な役割を果たす．

### ⑷　争点の拡大

　争点が公式の課題に到達するためには，争点が拡大していく必要がある．

　まず，争点は，「一体化した集団（identification groups）」に広がる．これは紛争の当事者やその家族といった争点に直接関係する人たちである．

　次に，「注目する集団（attention groups）」にまで広がっていく．これは，たとえば環境や貧困の問題など，特定の問題に関心をもち，常に情報をサーチしている人たちである．この集団が争点の存在に気づくと，紛争当事者に支持を表明しサポートのための行動を起こす．

　やがて争点は「注意深い公衆（attentive publics）」にまで拡大していく．この集団は，比較的学歴が高く安定した収入を得ていて，社会問題全般に関

心をもっている人たちである.

　そして，争点の中には，「一般的な民衆（general publics）」にまで拡大するものがある．コブとエルダーがいう一般的な民衆とは，普段は，生活に追われ，社会問題に関心をもたない人たちである．この種の集団にまで，争点の存在が届く場合には，自動的に争点化される.

　一般的に，争点が「注意深い集団」に到達すると，政治的な争点となり，選挙の際に政党や候補者が取り上げ，その解決を公約することで，公式の課題に設定される可能性が高まる.

　争点が拡大していくためには，いくつかの条件が必要となる.

　第1に，争点が具体性をもって示されていることである．被害を受けている人たちの実態が把握しやすく，誰もが理解できる争点は，より広い範囲の集団にまで共感が広がっていく．逆に，何が問題なのかがわかりにくい争点は，共感が広がらない.

　第2に，争点に直接関連する人の範囲が広く，社会的に重要な問題は争点となりやすくなる．たとえば，社会保障や感染症の問題などは，ほぼ全ての人の生活に関わる問題なので広がりやすい．逆に，拉致問題などは，ある特定の人には深刻な問題であったにもかかわらず，被害者が限定されていたことから，なかなか公式の課題として取り上げられなかった.

　第3に，争点が時間的に持続していることである．争点が社会に広がっていくのにある程度の時間が必要となる．短期的な紛争は，すぐに風化していってしまう.

　第4に，争点の構造が単純であることである．複雑で技術的な争点も単純化されるきっかけがあると拡大しやすくなる．たとえば，原子力発電所の安全性の判断は，高度に技術的な知識が必要とされ，一般人には理解することが難しいテーマだが，チョルノービリや福島で事故が起こると，複雑な議論を飛び越えて，これは問題だという認識が生まれる.

　第5に，前例が存在していることである．その社会が類似ケースを何度も経験していると，政府側に対応するためのプログラムが形成され，公式の課

題として受け入れられやすくなる．逆に，異例の問題だと，課題として設定するべきかどうかを検討するのに時間を要してしまう．

　争点が広がっていく際に大きな役割を果たすのが，「言葉＝シンボル」の力である．コブとエルダーは，その問題の深刻さや社会的な重要性を伝える言葉が発明されることが重要だと述べている．たとえば，「拉致問題」という言葉には，北朝鮮によって日本人が無理やり連れ去られ，つらい状況に置かれて，家族も苦しんでいる，その様々な情報や感情がパッケージされている．このような言葉の発明にも，報道機関が重要な役割を果たす．

　紛争の当事者たちが，自分たちに関する争点を政府が受けとめ公式の課題にするために，様々な戦術をとることになる．「呼び覚まし行為」といって，その争点の存在を知れば支持してくれそうな人たちに，ビラを配布したり，今ならばSNSでメッセージを発信したりする．これがうまくいかないと，「挑発」といって，あえて自分たちと対立する集団を設定して，その集団との対立構造を第三者にみせようとする．また，「思いとどまらせ戦略」をとることもある．反対者に対して，様々なメッセージを送って，対立する気を削いだり，寝返らせたりする．そして，結束の強さを示すために「デモンストレーション」を行ったり，グループ向けに結束や連帯を呼びかけるための「シンボル操作」を行ったりする．

　コブとエルダーは触れていないが，日本において，争点を公式の課題にするルートとしてとても有効な形で使われてきたのが裁判手続きである．たとえば，公害について，数多くの訴訟が提起されてきた．かりに裁判に勝利できなくても，判決が出た時に，記者会見を開き，メディアが判決内容を報道することで，その争点の背景について社会が知るところとなる．これが「注意深い集団」にまで届くと，決定回避権力を使う政府との間の膠着していた関係を動かすことができる．

### (5)　課題構築モデルの問題点

　以上のようなプロセスで，コブとエルダーは，局地的に起こった紛争が争

点化し，やがて争点が一般化した形で課題となり，政府が正式な解決に乗り出すに至ると主張した．課題構築モデルは，特定の問題を公式の課題として取り上げてもらうために，関係者が具体的にどのように行動をとるべきなのかまで示している点が興味深い．

　しかし，このモデルには，2つの問題点がある．第1に，コブとエルダーは，政策課題の原因が集団間の対立にあることを前提に議論を進めている．しかし，たとえば，社会的マイノリティに関わる問題において，彼らはどの集団とも対立しているわけではなく，社会全体から抑圧されている存在である．逆に，まちづくりや地域活性化のように，具体的な対立構図が存在しない政策課題もある．こういうタイプの問題が課題として設定されるプロセスについては課題構築モデルを使って説明することが難しい．

　第2に，争点の存在がしだいに広い範囲の人に認知されるようになれば，やがて政府が取り上げざるをえなくなるという議論の組み立てになっているが，課題設定における重要な論点が抜け落ちている．利害の対立を覆い隠そうとする権力の存在である．たとえば，水俣病について，紛争調停者であるはずの政府は風土病であるという立場を取りつづけ，争点が明るみに出るのを抑圧してきたのである．政策エリートが特定の問題について，あるときは課題に設定し，あるときは無視しているという事実が見過ごされている．

## 3.　キングダンの「政策の窓モデル」

### (1)　「政策の窓モデル」の概要

　政策の課題設定のフェーズに関して，権力をもっているエリート側から取り上げたのが，キングダン（John W. Kingdon）である．キングダンが「政策の窓モデル」を提示した『アジェンダ・選択肢・公共政策』（*Agendas, Alternatives, and Public Policies*）を紹介する（Kingdon 1995）．

　キングダンが取り組んだのは，「なぜ，ある問題が課題となり，ある問題は課題とされないのか」という命題である．保健政策と運輸政策に関する意

思決定に近いところにいた連邦機関の幹部職員／議会スタッフ／ロビイスト／ジャーナリスト／コンサルタント／研究者など，計247名に徹底したインタビューを行い，23の事例をリサーチすることで，エリート側から政策課題が設定されるプロセスを明らかにしようとした．

　キングダンは，「課題」を「政府職員及び彼らと密接な関係にある政府外部の人たちが，ある特定時点において真剣に注意を払う主題ないし問題のリスト」と定義する．政策を作る際に中心的な役割を担う政策エリートたちは，常に連絡を取りあって，密接な関係を作っている．そのような関係を政治学では「政策コミュニティ（poliey community）」という．

　政策コミュニティを構成するエリートたちは，常にすべての問題に注目しているわけではないという事実が議論の出発点である．発生している様々な問題のなかで，これは真剣に取り組み政策を作った方がいいと考えられリストに載ることになった限られた問題が「課題」なのである．

　キングダンの「政策の窓モデル」は，マーチ（James G. March）とオルセン（Johan P. Olsen）の「ゴミ缶モデル」をアレンジしたものである．ゴミ缶モデルは，曖昧な状況に直面している組織がどのようにして決定をしているのかを分析するモデルである（Cohen et al. 1972: March & Olsen 1980）．現実の組織は，目標も曖昧で，その目標を達成する手立てもはっきりせず，組織のメンバーや組織内の地位も変動するなかで，選択を行っている．組織にとって解決しなければならない「問題」は常に存在するが，その多くは見過ごされ放置されていて，問題は流れている．その問題に対する「解」を考えている人がいるが，形にならないまま，解も流れている．そして，参加者も変化している．問題の解決に向けて選択するべきタイミングがあるけれども，選択機会（これがゴミ缶である）もまた生かされずに流れている．そして，問題の流れ／解の流れ／参加者の流れが何かのきっかけで合流し，選択機会に投げ込まれた結果出てくるのが「選択」であり，組織の決定が行われる．

　政策課題の設定過程を分析するために，このモデルを修正したのが，「政策の窓モデル」である（図3-1）．キングダンによると，課題が設定されるま

出典：Kingdon（1995）より筆者作成.

図3-1　政策の窓モデル

での間，問題は，その存在が知られているけれども，対応がとられることなく，放置されたままになっている．これが「問題の流れ」を作る．関係者の間では，その時々で解決策について検討はされている．しかし，特に取り上げられることなく放置されやがて忘れ去られていくが，その一方で新しい解決策が提案され検討されることもある．これが「政策の流れ」である．そして，その政策をめぐる政治状況も刻々と変化している．これが「政治の流れ」を構成する．

　通常，この３つの流れは合流しないままになっているが，何かのきっかけで合流することがある．その合流によって，「政策の窓（policy window）」が開かれる．この政策の窓が開放された瞬間が，政策の課題が設定されるタイミングである．

### ⑵　問題の流れ

　社会では，様々な問題が発生しているが，政策エリートが関心を払う対象は限定されている．しかし，関係者の誰かによって問題は認識されていることが多い．キングダンは，ある政策エリートが問題を認識するルートを３つ挙げている（Kingdon 1995: Chap.5）．

　第１に，指標や調査である．消費者物価／株価／為替相場／失業率／出生率／高齢化率／交通事故件数／いじめの件数／待機児童の数など，政府や調査機関は様々なデータの動きをモニターしている．データの動きから問題の存在やその深刻さが認識される．また，数字の動きを解釈して背景にある事

実を明らかにする分析も行われている．たとえば，「ある地域に犯罪が多発
しているのは，貧困による進学率と就業率の低さという要因が作用している
からだ」といった分析結果が伝えられることでエリートが問題を認識する．

　第 2 に，特定の出来事や個人的な経験により，問題が認識されることがあ
る．たとえば，ストーカー犯罪は，ストーカーの被害件数の推移から問題が
認識されたのではなく，1999 年 10 月に発生した「桶川ストーカー殺人事
件」がエリートによる問題の認識のきっかけだった．ある女性が家族を伴っ
てストーカー被害について相談するため警察に足を運んでいたが，民事不介
入原則にこだわる警察は，適切な対応をとらず，相談者が殺害されるという
痛ましい結末を迎えた（古野 2016）．メディアの取材を通じて，当時の警察
の対応に問題があったことが明らかにされたが，同時に，警察が適切な形で
ストーカーを取り締まるための明確な法的根拠がないという問題の認識が警
察関係者の中に広がっていった．そのことが，2000 年 5 月の「ストーカー
行為等の規制に関する法律」の成立につながった．

　また，自分の身の周りに起きた出来事をきっかけにエリートが問題の存在
を認識することもある．小泉政権で外務大臣をつとめた田中眞紀子は，自民
党の元総理大臣である田中角栄の娘である．田中角栄は，ロッキード事件で
逮捕された後も党内の最大派閥を率いて隠然たる影響力を及ぼしつづけてい
たが，1985 年に脳梗塞で倒れ，言語障害や歩行障害の後遺症が残った．娘
の眞紀子は，父親の介護をする中で，日本の高齢者福祉が家族の負担に依存
している現状を知り，政治家を志したという．のちに彼女が中心となり，介
助犬が公共の場所に立ち入ることを原則認める「身体障害者補助犬法」を超
党派で成立させた．

　キングダンが示している問題認識の第 3 のルートは，「フィードバック」
である．ある計画やプロジェクトを実施してみたがうまくいかない場合，そ
の理由を突き止めることによって問題の存在に気がつく．日常的に官僚たち
は，政策を実施し法律を運用する中で，市民や事業者などの反応に気を留め
ている．そこに問題発見の糸口がある．役所の窓口職員や，地元有権者から

陳情を受ける議員は，市民からの相談の中から問題を発見している．

　キングダンの議論の重要な点は，日常的に政策エリートの誰かが問題を認識していても，それだけでは「政策の窓」が開かれず，ほとんどの問題は放置されたままだということである．

### (3)　政策の流れ

　ある問題への解決策は，正式な形で課題として設定される以前にも，いろいろな人の頭の中で考えられ，非公式な形で議論されている．しかし，そのほとんどは，政策の形に成長しないままアイディア段階で忘れ去られていき，政策の流れを形成する（Kingdon 1995: Chap.6）．

　はじめは，いろいろな立場からアイディアが出され，アイディアが雑然と存在している状態にある．これをキングダンは，生命につながる有機物質になる前の分子が海の中を漂っている「原始スープ（primeval soup）」状態と呼んでいる．分子のような状態で政策案が存在し，様々な分子が現れては消えていくように，衝突したり結合したりしている．実際，問題も流れているので，ある時点で有効だった解決策も次の時点では有効ではなくなっていることもあり，政策案の多くは時間の経過とともに無意味なものになってしまう．

　このような原始スープ状態で活躍するのが「政策起業家（policy entrepreneur）」と呼ばれる官僚を中心とした専門家集団である．彼らは，環境／交通／都市計画／医療といった政策分野ごとに形成される政策コミュニティの中で活動している．彼らの間で，アイディアレベルの政策案がしだいに具体的で実現可能な政策案に煮詰められていく．原始スープの中から，アミノ酸が生み出されるように，認識された問題を解決してくれそうな政策案のリストができ上がっていく．

　キングダンは，政策のアイディアが生き残る条件を２つ挙げている．第１に，技術的実現可能性（technical feasibility）が高いことである．検討される政策アイディアの中で，実現の見込みがあり，その方法を使えば，認識され

ている問題が解決されると期待できるものが残っていく.

　第2に, 政策エリートたちの価値観との間に整合性がある (value accept-ability) ことである. 彼らが共有する価値観や倫理観と合致していないと, いくらアイディアとして優れていて, 技術的に実現可能だとしても実現しない. たとえば LGBT 関連の法案の議論で明らかになったように, 自民党議員たちの価値観と相容れない要素は検討の過程で排除されていくのである.

　政策案が詰まっていくと, アイディアの短いリストが作られる. そして, 政策コミュニティを通じて賛同者がだんだん増えていき, 支持者が自然と集まるようになる. これをキングダンは, 「バンドワゴン効果」と呼んでいる. 実現の見込みが高いとなると, 正式の政策課題の設定に向けて動きが加速する「離陸点 (take-off point)」が近づいてくる.


## ⑷　政治の流れ

　とはいえ, キングダンは, もうひとつの流れが合流しないと「政策の窓」が開かないという. それが「政治の流れ」である. 政治の流れについて, 選挙による大統領の交代や議会の多数政党の変更に加えて, キングダンが重視するのは, 次のような要素である (Kingdon 1995: Chap.7).

　第1に, 「全国的なムードの変化」が政治の流れを構成する. 政治家や官僚は, 国民が特定の問題についてどう考えているのかを常に意識している. たとえば, 環境やジェンダー問題に対する意識の変化や, 高齢者を標的にした詐欺・強盗への不安などの高まりが, 課題設定の動きを後押しする.

　第2に, 「利益団体の力の変化」も政治の流れを作る. 経済団体／労働団体／業界団体の力関係の変化が, ある政策案を葬りあるいは生かすことにつながる. たとえば, 以前ならば, 農業の自由化を促進する政策は, 農業団体の強い反発が与党議員を動かし, 課題設定を阻止してきた. しかし, いまや農業従事者の人口は減り, 農協を中心とする利益団体の力が低下したことが, 農業自由化関連の課題設定に少なからず影響している.

　第3に, 「大臣・高級官僚の交代」が政治の流れを生み出す. 日本では,

大臣の交代が政策課題の設定に直接影響するケースは稀だが，各省で官僚を束ねる「事務次官」というポストに，これまでのキャリアで実現できなかった政策を実現しようという意欲をもった官僚が就任すると，それがきっかけとなって政策課題が設定される可能性が高まる．

第4に，「権限範囲の変更」である．法律の制定などによって，連邦機関や州政府の管轄の範囲が変更されることがある．特に，アメリカの場合，新しく就任した大統領の意向で，連邦機関の組織編成が大幅に変更されることがある．権限対立の中で微妙なバランスの上に成立していた関係が，そのような権限範囲の変更により崩れ，政治の流れを構成することがある．

政策に関連する官僚／議会関係者／利益団体などが，合意を重ねていくことで，政治の流れの中でも「バンドワゴン効果」が生み出され，課題設定の可能性が高まる．

### (5) 「政策の窓モデル」の意義と課題

以上の3つの流れが合流したときに，「政策の窓」が開かれ，政策の形成が本格的に始まる．

「窓が開かれる」という表現が魅力的なのは，窓は一度開かれると開いたまま政策が決定されるとは限らず，何かの拍子に閉じられてしまう可能性もあることを暗示している点である．

夫婦別姓の問題を例にとろう．現行の民法は，婚姻した男女は同じ姓を名乗ることを義務づけている．働く女性にとって，姓が変わると，自分の業績や仕事を通じて築き上げたコネクションに連続性が保てなくなるなど，いろいろな支障に直面する．この問題は以前から認識されており，法務省の中で夫婦別姓の仕組みについて議論され，婚姻時に同姓か別姓かを選べる「選択的別姓制」が考えられた．自民党内にも女性議員を中心に実現に向けた動きがあったが，党の保守的体質の中で実現されなかった．

ところが，1993年に日本新党の細川護熙を首班とする連立政権が成立し自民党が野党となり，政治の流れにおいて議会の多数勢力の変更が起こった．

政権には夫婦別姓を主張してきた日本社会党が参加し，細川首相も前向きで，夫婦別姓の制度化に向けて「政策の窓」が開かれたと思われた．しかし，連立政権内で保守思想をもった議員が連携して抵抗し，夫婦別姓を認める民法改正案の提出は見送られ，「政策の窓」は閉じられた．

　「政策の窓モデル」の最大のメリットは，アリソンのいう「概念レンズ」として，3 つの流れごとに事実関係を時系列的に整理できる点である．情報の整理を通じて当初想定していなかった事実が浮かび上がってくることもある．政治学者であるキングダンは，政治の流れを重視しているが，問題の流れや政策の流れが「政策の窓」の開放を主導する場合もある．

　ただし，このモデルは，「政策の窓」が開かれた段階で，政策の流れの中で「原始スープ」状態から「アイディアの短いリスト」が作られ，政策の内容がほぼ決まっていると説明している．政策課題の設定前に政策の形成が進行していて，キングダンが政策課題の設定された瞬間と主張する時点では，政策案は概ね完成し，関係者の間でほぼ合意が図られていることになる．政策コミュニティの中で政策起業家たちを中心に内容の検討が進められ政策案が生き残っていく姿は，まさに政策形成過程そのものである．この意味で「政策の窓モデル」は政策課題の設定と政策形成が一体であるといっているに過ぎず，どのように政策課題が設定されるのかはさして重要ではないという逆説的な結論に達してしまう．

　政策課題が設定されたあとに政策形成段階が開始されるという立場でいえば，問題の流れの中で扱われているエリートたちによる問題の認識に関する議論がとても重要である．ただし，他の 2 つの流れが合流しないと問題の流れが放置されたままなのならば，政策課題の設定の研究は，多元主義的な政策過程分析と同様に，そのプロセスを克明に描くことはできても，どうすれば課題を設定することができるのかは示せない．分析結果は政策の現場には役立たない決定論的なものにとどまることになる．

## 4. 政策学習とアイディアの政治

### (1) 政策誘導による政策課題の設定

　キングダンは，エリートの側における政策課題の設定（と政策形成）過程を論じたが，課題の設定は，そのような内在的要因だけでなく，外在的な要因によっても引き起こされる．

　たとえば，現在，日本でSDGsが積極的に推進されているのは，2015年に国連総会でSDGsについて記載された「2030アジェンダ」が採択され，毎年，SDGsの推進状況について，様々な指標で評価を受けその結果が公表されているからである．このSDGsの動きに呼応するように，政府は2016年，内閣府に「SDGs推進本部」を設置して，「SDGs未来都市」や「自治体SDGsモデル事業」を公募により選定するなど，様々な政策を展開している．政府におけるSDGs関連の政策が課題として設定されたのは，国内の内発的な理由というより，グローバルな社会に向けてSDGsを積極的に推進していることをアピールしたいという外在的な理由からであろう．

　一連の政策展開の中で，旧安倍政権は，2017年12月に地方創生実現に向けた総合戦略「まち・ひと・しごと創生総合戦略2017」を発表し，地方自治体におけるSDGsの展開を地方創生の中に位置づけた．このような政府の動きを受けて，全国の自治体が，SDGsを推進する政策の検討を始めたのである．多くの自治体がSDGsを推進しているのは，関係者が明確な問題意識をもち，ぜひ推進したいと考えているからではない．政府の政策に誘導されて，それに呼応する形で自治体の政策課題が設定され，政策の形成プロセスが始まったと解釈する方が妥当である．

　政府は，SDGs未来都市以外にも，国土交通省の「コンパクトシティ」や「新しいまちづくりのモデル都市」に代表されるように，公募に応えて申請を行った自治体の中からモデル都市を認定する政策を展開している．自治体はモデル都市に認定されることで補助金や各種優遇措置を受けられるととも

に，認定されたことを内外に PR することができる．このように国は，自治体を対象にモデル都市の公募を行うことで「政策誘導」を行っている．自治体が政策課題として，あるテーマを取り上げるのは，そのような国の政策誘導に応えるためであることが多い．応募する自治体にとっては，自分たちが選定されるためのスキームを用意することが政策課題となるのである．

　以上のように考えると，モデル都市の選定に限らず，国が展開する様々な自治体対象の「公募による競争的資金制度」は，その公募に応えるかどうかは，自治体の判断に委ねられているものの，政策誘導に応える形で自治体が政策課題を設定することを狙ったものだと考えることができる．

　政府以外でも，ユネスコが展開してきた「世界遺産登録」や「創造都市ネットワーク」なども，各国の政府や自治体に，そのような枠組みを用意することで，ユネスコが望む形での政策課題の設定に誘導していると理解することができる．

### ⑵　政策波及と政策移転

　また，国同士，自治体同士といった同じレベルの政府の間では，相互参照によって「政策波及」が起こることが知られている（伊藤 2002）．

　情報公開制度などで典型的にみられたように，まずはいわゆる「革新自治体」が新たな政策アイディアを生み出し，政策を形にしていく．革新自治体が国内で最初に新しいアイディアを形にしていく際には，海外の事例を参考にしながら，総務省をはじめとする関係省庁と時間をかけて交渉を重ねていく必要がある．そのようにして形成された新しい政策を，他の自治体はモデルとして参照する．

　各自治体の政策担当者は，新たな課題に直面したときに，文献や HP でリサーチしたうえで，革新自治体の担当者に連絡をとり，そこから入手した情報をもとに，地域の事情にあった制度を設計していく．場合によっては，フロントランナーよりも一歩進んだ制度の実現が目指される．自治体は，どこでも似たような問題に直面していることから，先進的な自治体の政策の実践

が，自治体内での政策課題の設定を後押しする．

　また，そのようにして，各自治体で波及していった政策の拡大が，国の法律レベルの政策課題の設定につながることもある（伊藤 2006）．たとえば，自治体における情報公開条例が情報公開法の制定に，事務事業評価制度の普及が政策評価法の制定に向けての課題設定に，少なからず影響している．地方分権が進み，自治体の政策形成能力が問われる中で，一部の自治体はその政策開発力を格段に向上させている．このような地方から中央へのボトムアップの課題設定の流れにも注目するべきである．

### (3)　政策学習とアイディアの政治

　政策形成や政策課題設定の過程に関する研究が進むにつれて，政策を支える「理念」や「知識」の重要性が認識されるようになった．政策課題が設定され，政策形成のプロセスを始めるべく関係者たちが動くのは，「政策学習（policy learning）」の影響によるところが大きい（Heclo 1974）．

　政策学習とは，未知の価値体系と接触したり，政策の失敗がフィードバックされたり，新技術が出現したりすることで，これまで維持されてきた「信念体系」に変更が加えられ，政策が革新されるプロセスである．

　ジェンキンス＝スミス（Hank C. Jenkins-Smith）とサバティエ（Paul A. Sabatier）は，このような政策学習において「唱導連合（advocacy coalition）」が重要な役割を果たすと主張する（Jenkins-Smith & Sabatier 1993）．唱導連合は，信念体系を共有する専門家の集団であり，様々な政策領域に対立する複数の唱導連合が形成されている．たとえば，原子力政策の領域において，積極的に原子力技術を導入しようと考える唱導連合と原子力技術に疑いをもち抑制的であるべきだと考える唱導連合がある．こういった信念体系が異なる専門家集団は，原子力に関連する様々な情報を共有し解釈している．

　そして，政策過程において対立する唱導連合が相互作用する中で，その政策分野における知識が更新され，それぞれの唱導連合における信念体系も鍛えられ，あるいは修正が加えられるという．たとえば，地球温暖化の原因は，

二酸化炭素に代表される温室効果ガスであり，気候変動を安定させるために
は，温室効果ガスを削減しなければならないという比較的新しい「理念」は，
唱導連合間の政策学習を通じて，各国の政策エリートに受け入れられていっ
たものである．知識をベースにした理念の受容プロセスをとおして，特定の
政策課題が設定されるプロセスが研究されている（秋吉 2000）．

　唱導連合が介在しなくても，社会で抑圧されているマイノリティの抱える
問題が，彼らの地道な活動によって課題の設定に結びつくことがある．たと
えば，LGBTQ の人たちの活動は，最初は政治的争点にもならずに無視され
てきた．しかし，専門家や関連団体が海外の先進事例を日本国内で紹介する
ことで，政策担当者や一般人の認識に変化が生まれてきている．その価値観
の変化により，少しずつ政策の課題が設定され，たとえば，「パートナー
シップ制度」を設けて同性のカップルに対して婚姻に相当する権利関係を認
める自治体も出てきている．

# 第**4**章
# 政策実施の理論

## 1. 政策実施のトップダウン・アプローチ

### ⑴ 「偉大なる社会」建設プログラムの挫折

　アメリカでは，1960 年代予算編成過程に PPBS が導入されるなどして，政策形成の現場では，「自動化の選好」に基づき合理的に政策を検討し最善の政策を生み出すことに，膨大なエネルギーが注がれてきた．政策過程を研究する政治学者たちの関心は，政策の形成と決定のフェーズに集中していたが，しだいに，質の高い政策を作ったという自信があったにもかかわらず，期待された効果をあげることができないケースが目立つようになり，その原因を突き止めようとする動きが出てきた．

　1960 年代後半，ジョンソン大統領は，「偉大なる社会」の建設を目的とした一連の政策を展開していた．たとえば，都市中心部のスラム化を解決するための都市再開発プロジェクトや，地域に委ねられてきた公立学校の運営を積極的に支援して，低所得者層を中心に公教育を充実させる教育改革も行った．さらに，ケネディ大統領の頃から高まった公民権運動に対応して，雇用や教育などにおける人種差別撤廃に向けた政策も展開した．

　当時，連邦議会は，大統領と同じ民主党が多数派を形成していたこともあって，「偉大なる社会」建設関連のプログラムに比較的潤沢な予算が用意された．にもかかわらず，それらの政策の多くは，期待された効果をあげることができなかった．その原因は，「偉大なる社会」建設プログラムそのも

のの政策としてのクオリティの低さにもあったが，一部の政治学者たちは，政策が決定されたあとのフェーズである政策の実施過程に問題があるのではないかと考えはじめた．

## (2) プレスマンとウィルダフスキーの『インプリメンテーション』

カリフォルニア大学バークレー校の若手の研究者プレスマン（Jeffrey L. Pressman）とウィルダフスキー（Aaron Wildavsky）は，商務省に新設された経済開発局（Economic Development Agency: EDA）に着目し，EDA が展開するプログラムに多額の資金が投入されることについて政治的な合意ができていたにもかかわらず，大失敗に終わった経緯を追った．そこで明らかになったのは，政策の実施段階で，政策の効果を阻害する様々な事態が起こっていたという事実だった．ふたりの研究成果は，『インプリメンテーション』（*Implementation*）と題する本にまとめられ，1973 年に発表されると，その後の政策過程研究に大きな影響を及ぼすことになった（Pressman & Wildavsky 1973）．

当時，EDA は，地域開発を通じた失業対策プログラムを展開しようとしていた．1966 年 4 月 29 日，EDA の局長は記者会見を開き，カリフォルニア州オークランド市で行われる公共事業に 2328 万 9000 ドルの補助金・貸付金を給付することなどを発表した．この時期，オークランド市は全米平均の 2 倍以上の失業率に苦しんでおり，特にマイノリティの失業対策が大きな政策課題となっていた．EDA プログラムにより，市内で計画されていた空港・港湾関連施設や工業団地の整備などが推進されることで，800 の新しい仕事と 3000 人分の新規雇用が生み出され，市の財政も立て直されることが期待されていた．

プログラムの発表以来，オークランドは全米の羨望の的になり，成功は確実視されていた．しかし，3 年後の 1969 年 3 月に EDA がオークランド市議会に提出した報告書には，驚くべき事実が記載されていた．この 3 年間に投資された額はわずかに 108 万 5000 ドル，生み出された雇用はたったの 43 人

分であり，マイノリティはほとんど雇用されなかったという内容だった．

　この経緯をリサーチしたプレスマンとウィルダフスキーが明らかにしたのは，プログラムそのものに問題がなかったわけではないが，その実施過程の方により深刻な問題があったという事実だった．手間ひまをかけて完璧と思われる政策を作り上げても，実施段階で様々な要因が作用して，政策の効果にマイナスの影響を及ぼしていることが判明した．

　ふたりが発見したのは，公共施設の建設とマイノリティの雇用創出という無関係ではないが因果関係の薄い2つの目標をEDAプログラムが担っていたことによる煩雑な実施過程の形成だった．ひとつひとつの公共事業プロジェクトの実施過程の中に，たくさんの意思決定のポイントが作り出され，各ポイントに利害を異にする多様なアクターが関わっていた．オークランド市関係者は，複雑な意思決定ポイントをクリアすることができずに，時間ばかりが経過していった．EDAのサポートが不十分だったこと，オークランド市のスタッフの能力と意識が不足していたこと，政治家や一般市民の支持が十分得られなかったことなども，プログラムの失敗に影響していた．その結果，EDAプログラムが都市開発プロジェクトの推進につながらず，プロジェクトの実施がマイノリティの雇用にも結びつかなかったのである．

## ⑶　トップダウン・アプローチが明らかにしたこと

　このように，政府が作った政策が自治体などを通じて実施に移され，実際に効果が確認できるまでの過程を追う研究を，サバティエは，政策実施の「トップダウン・アプローチ」と呼んでいる（Sabatier 1986）．彼によると，トップダウン・アプローチでは，次のような「問い」が立てられる．

　第1に，政策の内容と，実施担当者や対象集団の行動との間に首尾一貫性があったのかという問いである．EDAプログラムを例にとると，地域開発予算を積み上げれば，オークランド市の職員やプロジェクトマネージャーなどの実施担当者，実際に公共事業を担うディベロッパーなどの対象集団が協力してプロジェクトに取り組むと想定されていたが，実際に観察された行動

との間には大きなズレがあった.

　第2に, 政策決定時に考えられた目的と実際のインパクトとの間にどれだけのズレがあったのかという問いである. EDA プログラムの場合, 3000 人の雇用を生み出すことが期待されたが, 実際には, 43 人分しか生み出すことができなかった.

　第3に, 政策のアウトプットやインパクトに影響を及ぼした要因, 効果の発揮を阻害した要因は何だったのかという問いが立てられる. EDA プログラムの場合, 2つの目的が併存していたことによる意思決定ポイントの増殖などが原因だった.

　第4に, その後, 経験をもとに, どのように政策が見直されたのかという問いである.

　トップダウン・アプローチに基づく政策実施過程研究の成果が蓄積されるにつれて, しだいに有効な形で政策が実施されるための条件が明らかになっていった (Sabatier 1986).

　第1に, 明確で一貫した目的が政策に示されていることである. 目的が曖昧な形でしか示されていない政策は, 担当者の間で目的意識が共有されず, 有効な形で実施されない. EDA プログラムでは, 公共事業の推進とマイノリティの失業対策という2つの目的が併存し, 関係者の間でどちらを重視するかで混乱が生じていた.

　第2に, 因果関係のチェーンがしっかりと設定されていることである. EDA プログラムを例にとれば, 連邦政府が補助金を用意すれば, オークランド市において公共事業プロジェクトが活性化し, マイノリティの失業者が雇用されるという因果関係の想定のもとに政策が作られていた. このような因果関係の想定を政策学では「ロジックモデル」と呼んでいるが, EDA プログラムでは, これが破綻していた.

　第3に, 実施担当職員や対象集団が政策の趣旨に沿う行動をとるように, 法的な手当てをしておくことである. たとえば, EDA プログラムでは, プロジェクトで補助金を活用する場合, 地元のマイノリティを雇用することを

条件としていた.

　以上は，政策形成段階で考慮すべき問題であるといえる．以下は，実施段階の問題である.

　第 4 に，担当職員が政策目的に積極的にコミットし，与えられた資源を活用する能力をもつことである．たとえば，多額な補助金が用意されても，地元の職員たちが業務の増加につながる事態を歓迎するとは限らない．また，公共事業を立ち上げて実施するには，様々な法的規制をクリアして，地元の住民たちを説得しながらプロジェクトを運営する能力と豊かな経験が求められるが，EDA プログラムの実施担当者たちの場合，それが不十分だった.

　第 5 に，利益集団や政治家たちから積極的な支持が得られていることである．都市再開発事業では，スラム地区の住民や支援団体が生活の破壊につながると反対運動を展開することが多い．オークランド市では，マイノリティによる暴動は起こらなかったが，マイノリティの反発を警戒した市議会議員の一部や行政の幹部は終始慎重な姿勢をとりつづけた.

　第 6 に，想定していたロジックモデルや政治的サポートを無意味にするような社会的・経済的な変化が起こらないことである．たとえば，戦争／災害／暴動／経済危機などの予期せぬ事態が政策の実施段階で起こらないことが，政策効果が発揮される前提となる.

　真渕勝は，政策の目的と実施の結果が乖離する「実施ギャップ」が発生する要因として，政策決定の段階で合意が不十分なまま，特に実施担当機関との間で調整が行われないまま実施に移されることによる「合意調達の失敗」，政策形成時に思い描いた因果関係の予想が外れる「予測の失敗」に加えて，ひとつひとつの出来事が些細でも，政策の有効な実施にとって不利な事象が重なることによる失敗を掲げている（真渕 2020: 97ff）．些細な日常的な出来事の積み重ねが実施ギャップを生むという指摘は，自治体における政策実施を研究するうえで特に重要である.

　政策実施研究では，有効な形で政策が実施される条件や「実施ギャップ」の原因を明らかにするとともに，政策の決定からインパクトが得られるまで

の実施過程全体をマッピングするモデルが提案されたり（Meter & Horn 1975），実施過程に影響する要因とそれらの要因が政策の修正過程に及ぼす影響の全体図を表現するモデルが開発されたり（Sabatier & Mazmanian 1980），実践につながる成果を残してきている．これらの研究は，組織内部の関係性に注目するアプローチ，組織間の関係性に注目するアプローチ，実施過程に及ぼす要因と要因の関係に注目するアプローチ，実施過程における議員・官僚・利害関係者・市民の間の相互作用ゲームを描くアプローチなど，様々な方向に発展を遂げている（真山 2023: 214-216）．

## 2. 政策実施のボトムアップ・アプローチ

### (1) ストリートレベルの官僚研究

　以上のようなトップダウン・アプローチに基づく政策実施研究は，1970年代から 80 年代にかけて流行し，多くの研究者がこのテーマに取り組んだ．しかし，このような研究に対して，これでは政策のリアルな実施過程を明らかにすることができないと批判する研究者が出てきた（Sabatier 1986: 30f）．たとえば，中央政府側の目線を重視するあまり，他のアクターの影響は無視される傾向が強い．政策の現場ではひとつの主体がひとつの政策の実施を担っているわけではなく，複数の主体が複数の政策を同時に実施している場合が多いが，そのような現実に目が向けられていない．実施担当職員と対象集団が政策をめぐって活発に動き回り，自己目的を実現する手段として政策を転用しているという事実を軽視している．そして，より本質的な問題として，政策の形成と政策の実施を明確にわけるのは不可能である．このような批判が寄せられた．

　これらのトップダウン・アプローチに対する批判の根底には，そもそも，政府が決定した政策をその意図どおりに実施することが理想なのか，という疑問がある．この種の批判のきっかけになったのは，リプスキー（Michael Lipsky）による「ストリートレベルの官僚制（street-level bureaucracy）」に

関する研究であるといわれている（Lipsky 1983）．彼が研究対象としたのは，
ケースワーカー／教員／警察官など，現場でサービスを直接提供する第一線
の職員たちである．彼らの日常をストリートレベルの官僚として描き出して
いる．

　これまで，組織の末端で活動する第一線職員は，法律や規則に縛られ，ひ
たすらマニュアルに従って行動していると考えられてきた．しかし，リプス
キーが描いたのは，法律や各種ルールなどの解釈の余地をうまく利用して，
状況の変化に柔軟に対応している彼らのヴィヴィッドな姿だった．

　通常，法律や規則の規定は抽象的に書かれていて，解釈の余地がある．違
反者の様子を観察して，杓子定規に規則を適用するのは望ましくない，あ
るいは些細な違反行為を取り締まるのはコストにみあわないと判断し，制裁
措置の発動を差し控えることができる．理想的なストリートレベルの官僚と
は，規則に忠実な職員ではなく，規則を使って目の前にある問題を有効に解
決する意識と能力を備えた職員である．

　たとえば，厚生労働省は市町村に生活保護支給の可否を判断する際のガイ
ドラインを示している．かつて，そのガイドラインに，エアコンを設置して
いる世帯には給付を認めないという基準があったという．ガイドラインの改
定が遅れて，かつては贅沢品であったエアコンに関する規定が見直されない
まま残っていた時期があった．多くのケースワーカーは，「必要最小限の文
化的生活を保障する」という生活保護制度の趣旨を理解し，ガイドラインの
規定を無視する対応をとっていた．エアコンの価格が下がり贅沢品ではなく
なり，ヒートアイランド現象で都会の気温は以前より上昇している．エアコ
ンに慣れた身体は，暑さへの耐性が弱くなっている．このような状況の変化
に目を向けず，ガイドラインの表面的な規定にこだわり，現実にあわない対
応をとりつづけるケースワーカーは，その能力が疑われるだろう．

　リプスキーが描いたのは，現場の職員が，法律や規則，トップダウン・ア
プローチでいう「政策」に関して裁量を駆使しながら，対象となる集団と相
互作用を展開し，問題の解決を図っていく姿である．西尾勝によると，現場

の職員がもっている裁量には，2種類あるという（西尾 2006）．

第1に，法適用の裁量である．現場の職員は，憲法を頂点に法律－政令－省令－条例－規則というヒエラルキー構造をもった法体系や，国の基本計画から自治体の事業計画や事務マニュアルまで，様々なルールの網の中で，認識した問題を解決している．

ルールが「条件 X が発生したら必ず行為 Y をなせ」といったように解釈の余地なく規定されていることは稀で，そこには必ず解釈の余地がある．たとえば，法律では，「条件 X が発生したら行為 Y をすることができる」と規定されることが多い．この場合，行為 Y をするかどうかの判断は，解釈者に委ねられている．また，条件 X が発生しているかどうかについても，発生している事実をあえて見過ごし，あるいは認識していてもその事実を認めないことが許される場合もある．

第2に，エネルギー振り分けについての裁量である．教員をイメージすればわかりやすいが，第一線職員は，ひとつの単純な業務に専念しているのではなく，複合的な職務を担っている．その職務の中で何を優先し，何を後回しにするのかを決める裁量をもっている．どのルールを使って目の前にある問題を解決するのかについて選択の余地があり，重視するルールと軽視するルールを現場で決めている場合もある（畠山 1989）．現場職員には，的確に状況を見極めて，今やるべきことについて優先順位をつけていく能力が求められる．

このように考えると，政策実施研究のトップダウン・アプローチの「いかに忠実に政府が決めた政策を現場において実現するのか」という問いの設定自体が怪しくなってくる．決定された段階では，政策は不完全なところが残されている．現場職員と対象集団の相互作用によって，政策の不完全なところが補われ完成されていく．厚生労働省が示す生活保護のガイドラインが政策なのではなく，エアコンをつけている世帯にも生活保護の受給を認めるというケースワーカーたちの日常的な意思決定と行動の積み重ねが日本における生活保護政策を完成させるのである．

　以上のように，政策実施の現場において，担当者と対象集団の間で何が起こっているのかを研究する姿勢を「ボトムアップ・アプローチ」という (Sabatier 1986)．このアプローチによる政策実施研究では，政策は，政府が決定した段階では未完成で，現場における実施過程を通じて，下から上に向かって政策が完成されていくと考える．

### ⑵　ボトムアップ・アプローチの前提

　第一線職員と同様に，国の政策の実施を担当する地方自治体もまた，組織として，複数のルールと裁量を使い分けながら，地域の課題に取り組んでいることがわかっている．

　ボトムアップ・アプローチを採用する研究者たちは，政策実施に関して次のような前提を共有している (Sabatier 1986)．

　第1に，たいていの政策は，実施段階で発生する事態をすべて予測して作られているわけではないと考えている．社会の変化が早く不確実性の高い状況では，政策の形成段階で将来起こるであろう事態を予測することは難しい．とりあえず政策を実施してみて，対象集団の反応をみてから具体的なことを決めていく「インクリメンタル」な姿勢で不確実性に対応している場合が多い．また，状況の変化に柔軟に対応するために，現場に解釈の余地をあえて残しておく「不確実性の吸収」のための戦略もとられている．

　第2に，ボトムアップ・アプローチでは，実施されている政策の目標が数値で明確に提示されていることを必然だとは捉えない．EDA プログラムのように，3000 人分の雇用を生み出すという明確な成果指標が示されていることはむしろ稀である．

　第3に，目標値が定めてあっても，それを達成するための手段が示されていない場合が多いと考えている．トップダウン・アプローチでは，政策実施の成功条件として，ロジックモデルの設定を挙げていたが，たいていの政策は，その種の手段の体系が示されていない．たとえば，SDGs では，「貧困をなくそう」「すべての人に健康と福祉を」といった 17 の目標が掲げられ，

目標ごとに計169のターゲットが示されている．しかし，具体的にターゲットを実現する方法については，各国政府や様々な主体に委ねられている．ボトムアップ・アプローチの立場からいえば，各主体が目標実現を目指して知恵を絞って手段を考えていくことで，SDGsという政策がグローバルレベルで完成されていくことになる．あらかじめ政府が作った完成品の政策を自治体が実施していくという単純なものではなく，政策実施を通じて政策の不完全な点を完成させていく形成過程も同時に進行していると考える．

### ⑶　住宅宿泊事業法の実施過程

　ここでは，ボトムアップ・アプローチに基づく政策実施研究を理解するため，2017年6月に制定され，翌年の6月施行された「住宅宿泊事業法」，いわゆる「民泊法」とその実施過程を紹介したい（大田2020）．

　日本では，2000年代に入ってから，政府を中心に，積極的に海外の旅行者を呼び込む観光振興策を展開してきた．海外からの観光客数は，順調に伸びていったが，そこで宿泊施設不足の問題が顕在化した．

　宿泊施設に適用される法律には「旅館業法」があり，ホテルや旅館などの宿泊施設を営業するためには，様々な厳しい基準をクリアすることが求められる．民家やマンションの一室で旅館業法が想定する宿泊施設を営むことは認められない．その結果，旅館業法の許可を受けないで旅行客を宿泊させる違法なサービスが増え，近隣住民とのトラブルが起こったり，極めて劣悪な宿泊施設が提供されたりする状況になっていた．

　この問題を解決するべく検討されたのが「民泊法」である．本法律で，一般住宅を宿泊所として提供するための条件を規定して，合法的な民泊サービスを拡大し，違法なものを取り締まろうとした．

　しかし，民泊をめぐっては，2つの利害の対立があった．一方で，観光庁を中心に民泊ビジネスの事業者や旅行会社，観光客を誘致したい自治体など，宿泊客を受け入れる施設を増やしたいと考えるグループであり，厳格な基準や煩雑な手続きを設けないでほしいと主張した．他方，総務省，京都市をは

じめとする全国の観光地の自治体では，地元住民の生活環境を守ることを重視し，客を奪われるホテルや旅館の業界とともに，民泊サービスを行う場合の規制を厳しくしてほしいと要求した．

　以上のように，2 つの利害が対立する中で，民泊法の内容が検討された．その結果，法律では，住宅宿泊事業は，すでにある住宅を 1 日単位で利用者に貸し出すもので，1 年に 180 日を超えない範囲で提供するものとされた．180 日以上貸し出す場合には，従来どおり旅館業法の厳しい基準をクリアし許可を得なければならないことになっている．まさに，第 2 章で紹介した多元主義的な過程を通じて形成されたのが，民泊法だった．

　民泊法の条文を読むと，緩い基準をクリアし，都道府県知事に届出を行えば，合法的に民泊の営業を始めることができるように思えるが，ここに巧妙な仕掛けが隠されている．住宅で提供される民泊は，住居専用地域において提供されることが多い．住居専用地域は都市計画法に基づき良好な住環境を守るべきとされるエリアとして定められたところであり，民泊事業によって住民の生活環境が脅かされるようなことはあってはならない．そこで，民泊法は，各自治体に対して，条例を制定して，民泊サービスの提供を認めるエリアやサービス提供期間などを定めることを認めている．

　たとえば，京都市の「民泊条例」では，民泊施設を住居専用地域で開業する場合には，観光閑散期の 1 月 15 日の正午から 3 月 15 日の正午までの 60 日の間に制限すること，何かあった場合には，10 分以内に管理者が駆けつけることができる場所に控えていることといった要件を独自に定めている．つまり，京都市では，住居専用地域において旅館業法の適用を受けない形で民泊サービスを営業することができないと条例で定めているに等しいのである．京都市では，住民たちは外国人旅行者の違法民泊に苦しめられ，多数の苦情を役所に寄せていた．すでに正規のホテルや旅館が数多く営業しており，旅館業法にしたがった宿泊施設に限定したいという力学の方が強く働いた．逆に，東京都の特別区では，厳しい要件を条例で定めるところと法律が定める要件だけをクリアすれば営業を認めるところに二分された．

　以上のように，民泊法は，京都市のように民泊を事実上排除して，違法な民泊を取り締まり，住民の生活環境を守る方向で政策を実施する手段として活用することもできるし，当時オリンピックをひかえていた東京の特別区のように，規制を緩やかにして，民泊サービスを受け入れる方向で政策を実施することも可能にしている．民泊法を手段にして，各地域の事情に応じて，民泊サービスを排除する目的にも促進する目的にも使うことができる．

　こう考えると，民泊法は，民泊施設の拡充による観光振興と適切な民泊経営による地域住民の生活環境の保全という2つの対立する曖昧な目的をもち，政治的な妥協の産物であったことがわかる．したがって，トップダウン・アプローチに基づいて，国が定めた民泊法という政策を，自治体がどれだけ忠実に実施したのかを研究しても意味をなさない．それよりも，自治体の現場が，地域で直面している問題を解決するツールとして民泊法をどのように利用しているのかを調査し，各地域での政策実施の集積によって，民泊法が日本国内においてどのような効果を発揮したのかを検証する必要がある．

　もう1点，この事例が示す重要なポイントがある．民泊法を受けて，多くの自治体では，民泊条例の制定に向けて動き出したことである．民泊法の実施過程は，同時に各自治体における政策課題の設定過程となり，民泊条例という政策の形成プロセスを経て，民泊法と旅館業法のもとでの宿泊施設関連の政策が完成に近づいたことになる．嶋田暁文は，政策実施過程を，政策目的の実現に向けた行動ルールや準則の形成を行う「プログラム形成過程」とプログラムに基づき執行活動を展開する「執行過程」とに分けている（嶋田2010）．政策実施過程の中に，プログラムという政策の形成過程が埋め込まれているとすれば，トップダウン・アプローチのように，政策の形成と政策の実施を明確に分離するのは，政策の現場からみると無理があるといえる．政策の実施過程は，同時に，実施している政策により委ねられた裁量範囲を現場の相互作用を通じてプログラム化するという意味での政策形成過程を含んでいるのである．

## 3.　政策実施研究の成果と課題

### ⑴　2 つのアプローチの違い

　サバティエは，トップダウン・アプローチとボトムアップ・アプローチで
は，それぞれ適用に向く状況が違う点を指摘している（Sabatier 1986）．前者
は，特定の状況で適用されるべき政策がひとつしか存在していない場合に，
実施のプロセスを検証したいときに向いている．後者は，政策の実施におい
て，相互依存関係にある多数のアクターが存在し，かつ単一の法が存在しな
い場合，地域ごとのダイナミクスの違いをみる際に向いている．同じ実施過
程を扱っているものの，実は明らかにしたいことが違っているのである．

　トップダウン・アプローチは，政府が決定したひとつの政策が現場で実施
される局面で効果をあげることができない理由を明らかにすることを目的と
している．この研究を通じて，政府が作った政策がその意図にしたがって実
施されるための条件や方策を具体的に示すことができる．

　ボトムアップ・アプローチは，政策実施の現場に注目して，そこで何が起
こっているのかを明らかにしようとするものである．この種の研究では，多
くの政策は，政府が作った段階では解釈の余地があり，政策を実施しながら
現場で政策目的を実現させていく政策形成過程が同時に進行すると考える．

　ボトムアップ・アプローチで浮かび上がるのは，政策の実施担当者と対象
集団との間の相互作用の結果として存在する「政策」である．そこに何か問
題があるとしたら，関係者の相互作用の集積が失敗だったということになる．
多元主義的な視点で政策形成過程を研究する場合と同じように，関係者の相
互作用の結果として「政策」が存在するのだとすれば，政策実施の現状に何
らかの問題意識を抱いても，その研究からは改善策を導き出すことはできな
いというジレンマに陥ることになる．政策実施過程の中に多元主義的な政策
形成過程が存在しているようなものであり，多元主義的な分析が直面する
「決定論」問題を同様に抱え込むことになってしまう．

## ⑵　政策実施を通じて形成されるネットワーク

　政策実施研究のボトムアップ・アプローチは，政策研究にとって，ひじょうに重要な発見をもたらした．それは，政策の実施担当者と対象集団との間に相互作用を通じて一定の「関係性」が作られるという事実である．

　政策実施の現場において，多くの場合，実施担当者にはルールを解釈する余地が認められている．政策の対象集団は，実施担当者がルールをどのように解釈するのかに注目している．やがて，解釈の事例が実施担当者と対象集団の間に蓄積され，あるルールについてどのように解釈するのかに関する意思決定がプログラム化される．このようにして，実施担当者と対象集団の間に，その政策分野や地域におけるルール解釈をめぐる「解釈コミュニティ」が形成される（Yanow 2000: 10）．

　ひとつ例をあげて説明しよう．「建築基準法」という法律がある．この法律と関連法令に規定された建築基準を満たさない建築物は違法建築とされ，行政から是正命令を受けたり，場合によっては，代執行により強制的に取り壊されたりする．しかし，建築基準行政の現場では，少々建築基準に違反しても是正命令を受けることはない．「この程度ならば目をつぶる」という別の基準が建築規制当局と建築主・建築業者の間で作られている．たとえば，建築基準法の 42 条 2 項の規定に基づき，いわゆる「二項道路」といって，各建築物は，原則道路の中心線から 2 メートルの位置までセットバックし，4 メートルの道路幅を確保しなければならないことになっている．ビルに建て替えるなど，新築する場合はセットバックしなければならないが，柱だけ残すような全面改築でも，改築だと主張すればセットバックする必要はないことになっている．このように，多くの政策分野では，規制当局と規制を受ける側の間に，法令の解釈をめぐって了解事項が成立しているのである．

　また，農業振興を担当する農林水産省や産業振興を担当する経済産業省など，行政当局が対象集団の育成・保護を役割とする場合，政策実施を通じて形成される関係は，より強固なものとなる．原子力政策についていえば，2011 年の福島第一原子力発電所事故まで，経済産業省は，原子力発電所の

安全管理などの規制を担当していたが，同時に原子力発電施設の設置許可を通じて原子力エネルギーを推進する政策を展開していた．同省は実施機関として，その対象である電力会社や原子力メーカーとの間に，政策の実施をめぐって，「原子力ムラ」と呼ばれる密接な関係を作ってきた．

　第2章のキングダンの「政策の窓」モデルのところで触れた「政策コミュニティ」は，政治家／官僚／利益団体が密接な関係性を作り，政策を開発する役割を果たしていたが，実は政策実施をめぐっても，似たような関係性が作られているのがわかる．このような関係性を，政治学では，「政策ネットワーク」「ガバナンス・ネットワーク」と呼んでいる．このテーマは，本書の第8章以下であらためて扱う．

# 第5章
# 政策評価の理論

## 1. 政策評価の規範的研究

### (1) 行政学と政策評価研究

　政策実施過程への関心の高まりと並行して，政策評価のフェーズにも注目が集まった．政策過程を研究する前提として，政策が効果を発揮しているのか，していないのかを確認しておく必要がある．政策が効果をあげていないことがわかれば，政策課題を設定しなおし，政策の内容を再検討し，実施体制を見なおす．その意味で，政策を評価するフェーズは，最後にくるステップであるのと同時に，新たな政策過程の出発点となる．政策評価を政策過程の循環サイクルの中に位置づけるとすれば，経営学などでいわれる Plan-Do-See の See の部分，Plan-Do-Check-Action の PDCA サイクルの Check の部分だと理解することもできる．

　政策評価については，その過程を分析するモデルが開発されているというよりも，評価の実践が先にあって，それを後づけるように理論が組み立てられているのが現状である．

　政策評価に関して理論的な考察を深めてきたのは，行政学だった．政治リーダーや議会，究極的には国民は，行政が国民の期待に応え，行政責任を果たすように行政を民主的に統制することが求められる．その重要な手段のひとつとして政策評価が議論されてきた．

　行政学で有名な論争に，フリードリッヒ（Carl J. Friedrich）とファイナー

(Herman Finer) の「責任論争」がある（風間 1995）．ファイナーは，行政官が活動の方針を自ら決定するのではなく，国民によって選挙された代表者が技術的に可能な限り決めるべきで，権力の濫用を防ぐためにも「外からの懲罰的な統制」は絶対に必要だと主張した（Finer 1941）．それに対して，フリードリッヒは，行政官が政策の策定に深く関与している現実を踏まえて，議会は科学的に高度化した行政の活動を網羅的に監視することは難しく「科学の仲間」である同僚の行政官によるチェックを強化することが大切であると主張した（Friedrich 1940）．

　ファイナーの主張するように議会による外部からの統制を通じて行政責任を確保するためには，行政の実態に迫り監視する手段を開発しなければならず，その最も有力な方法として，政策評価を位置づけることができる．一方，フリードリッヒがイメージしたような専門家による内部的な統制を重視する立場からも，それが自己評価であるがゆえに，自己満足にならないためにも，外部評価より高いレベルの客観性を備えた評価手法の開発が必要となる．

　また，行政学では，環境に適応する「システム」として官僚制を捉える立場からも，政策評価の重要性が主張されている．官僚制は，自分たちの活動や政策が社会にもたらした変化を常に把握し，環境の変化に応じて，活動や政策を修正していかなければならない．システム論では，これを「フィードバック」と呼んでいる．第4章で紹介した「政策の窓モデル」において，キングダンは，政策エリートたちが問題を認識するルートのひとつにフィードバックをあげていたが，これもシステムの環境適応プロセスの一部として理解することができる．縣公一郎は，情報の流れから行政のフィードバックシステムを捉えている．情報摂取の段階である C to G（Citizen to Government），行政内部での情報変換段階である G to G（Government to Government），行政からの情報提供段階の G to C（Government to Citizen）という3段階に分けて，情報処理を行うサイバネティックなシステムとして行政を理解しようとしている（縣 2002）．そして，政策評価制度は，官僚制というシステムが環境に適応するためのフィードバック機構の中心的手段として位置づけられる．

　行政の民主的な統制にとっても，官僚制というシステムが環境適応するためのフィードバックにとっても，政策の効果を確認する政策評価はとても重要である．ただし，行政学では，なぜ政策評価が必要とされるのか，どのような政策評価手続きであるべきかといった規範的な議論は展開されてきたが，政策評価過程を実証的に分析するモデルは，未だに開発されていない．

## ⑵　本人－代理人モデル

　もうひとつ，政策評価を規範的に分析するモデルとして，「本人－代理人モデル（principal-agent model）」を紹介しておこう．これは，たとえば，依頼人（本人）と弁護士（代理人）／患者（本人）と医師（代理人）／投資家（本人）と株のブローカー（代理人）といった本人と代理人の間の契約関係から，理論を組み立て考察するモデルであり，経済学や経営学の研究でもしばしば採用されている．

　ポイントは，次の2点である．第1に，代理人は本人よりも知識と情報をもっている．代理人は，専門知識をもっているがゆえに，本人に代わって行動する委任を受けている．さらに，医師が病状に関する情報，ブローカーが株式市場についての情報を把握しているように，代理人は，現状についての情報も本人より早い段階で入手している．つまり，本人と代理人の間には，「情報の非対称関係（information asymmetry）」が存在している．第2に，代理人は，本人から依頼を受けて行動するが，利益の優先順位は自分の方が上にある．つまり，情報の非対称関係を利用して，代理人に不利になり，自分の利益となるような不誠実な行動をとる可能性が常にある．

　本人－代理人モデルでは，情報の非対称関係の存在を前提に，どのようにして本人は代理人から誠実な行動を引き出すのかという問いが立てられる．たとえば，代理人の不誠実な行動を発見したら大きな制裁を課すことを契約書に盛り込んでおくとか，複数の代理人を競争関係において，より誠実な行動をとった方と契約するとか，いろいろな方法が示されている．

　このモデルをアメリカ連邦議会と官僚制の関係に適用したのが，ワインゲ

スト（Barry R. Weingast）である（Weingast 1984）．彼は，議会が一般に考えられているよりも行政機関をうまく統制していると主張し，それを裏づける際に本人－代理人モデルを適用している．①選挙民がデシベル・メーターの役割を果たし，行政を常に監視し，問題があれば議員に伝える．②議会が予算配分など資源の配分権を利用して行政機関を競争状況に置いている．③行政機関が失敗した場合に大きな制裁を用意している．④議会で行われる幹部職員の任命承認手続きを活用する．⑤創造的官僚と連携をとる．このように，本人である議会は，代理人である行政機関が自発的に自分たちが高いパフォーマンスを発揮していることを示す必要に迫られる状況を作ることで，情報の非対称関係に対処していると論じている．

　この本人－代理人関係を拡大していくと，代議制民主主義を通じた国民と国家の関係まで説明することができる．有権者が本人で政治家が代理人，大統領や内閣，議会などの政治家が本人で行政機関が代理人，行政機関内部の上司が本人で部下が代理人というように，有権者を頂点に，末端の行政職員に至るまで，本人－代理人のチェーンでつながっている．それぞれの間で存在する情報の非対称関係を前提に，代理人から誠実な行動を引き出す方法が用意される必要がある（風間 1995）．

　このように考えると，政策評価は，代議制民主主義において本人－代理人のチェーンを結びつける上で重要な役割を果たしていることがわかる．政策評価は，有権者や，議会／大統領／内閣などの政治機関が行政のパフォーマンスを監視するツールであり，同時に行政機関が政策の効果を自己評価して，その結果を伝えることで，代理人としての信頼性を議会や国民から確保するツールでもある．

　以上のように，本人－代理人モデルによって，政策評価のフェーズを規範的に行政統制過程の中に位置づけることもできる．ただし，先述のように，政策評価に関しては，その実態を解明するアカデミックな研究よりも，政策評価の手法を開発する実践の方が先行している．

## 2.　プログラム評価

### (1)　アメリカにおけるプログラム評価の制度化

　政策評価の実践例には多彩なバリエーションがあるが，ここでは基本的な政策評価のスタイルとして，アメリカやヨーロッパですでに定着している「プログラム評価」を紹介しておく．

　プログラム評価とは，ある政策が目的をどれだけ達成したか，その政策の実施により状況をどの程度望ましい方向に変化させたのかを客観的に判断する手続きである．サイモンの意思決定論のところで「プログラム」概念を紹介したが，ここでいうプログラム概念はそれとは若干意味合いが異なる．政策評価論におけるプログラム概念は，様々な形で存在する政策の中で，予算との関係が明確なものを意味する．日本の役所用語では，「事務」「事業」という言葉が一番近い．政策実施の理論の章で紹介したアメリカの経済開発局のEDAプログラムも，プログラム評価の対象となった事業だった．

　PPBSのもととなったオペレーションズ・リサーチと同様，プログラム評価もまた，第二次世界大戦中に開発された手法である．当初は，ある選択肢がどのような効果をあげるのかを事前に予測する「システム分析」のようなものが重視された．しかし，PPBSの失敗をきっかけに，ある選択肢の効果をあらかじめ予測するのは難しいという認識が広がり，政策評価の中心は事後的に有効性を検証するプログラム評価へとシフトした．

　1960年代後半，ジョンソン大統領の時代，連邦議会が「偉大なる社会建設のための基本法」を制定した時に，法にプログラム評価の規定が設けられた．「偉大なる社会」建設に関連するプログラムに議会が予算を認める場合には，プログラムが目指す具体的な成果を数値の形で示し，それが実現したかどうかを事後的に評価することになり，その仕組みとしてプログラム評価が導入された．

　アメリカにおいて，プログラム評価を担当したのは，会計検査院（General

Accounting Office: GAO）だった．日本の会計検査院と同様，GAO は，連邦機関が議会の認めた予算書どおりに支出しているかを監査する機関だったが，しだいに監査業務は，各連邦機関の会計担当責任者が担うようになり，会計規則のルール作りと会計システムの開発が GAO の主要業務となった．会計監査に代わって GAO が担当することになったのが，議会の承認したプログラムが期待した効果をあげているのかを確認するプログラム評価だった．

やがて，プログラム評価は，GAO のような行政からみて外部の機関が統制を行う手段として活用されるだけではなく，大統領の補佐機関である「大統領府」により各連邦機関が政策を適切に実施しているのかを内部的に監督する手段としても導入される．1970 年，ニクソンが大統領に就任すると PPBS の廃止を発表したが，プログラム評価に関しては，大統領命令を発して全連邦機関に実施を要求した．事前に政策の効果を予測するシステム分析に基づく PPBS を放棄したかわりに，プログラム評価を本格導入して，事後的に政策の効果を確認する方向に転換したのである．

## ⑵　有効性（インパクト）評価

プログラム評価は，政策が期待された効果（インパクト）をあげているのかを確認する「有効性評価」，予定されたロジックモデルにしたがって実施されているのかをみる「モニター評価」，コストとのバランスにおいて適切であるかを考える「効率性評価」など，様々な種類の評価を包括する体系であるが，その中心は，有効性評価である．

あるプログラムの有効性を評価するのは，一見簡単そうにみえる．たとえば，失業者の再就職を目的とした職業訓練プログラムの効果を評価する場合，プログラムの実施前後の失業者数を比較すれば有効性を把握することができると思うだろうが，それは誤りである．たとえば，ある地域において，職業訓練プログラムを実施する前の失業者数が 1000 人だったとする．プログラム実施後に失業者数を調べたら 800 人になっていた．これを政策学では「アウトカム変化」と呼ぶ．数字だけをみると 200 人分の効果があったようにみ

えるが，その間，政策を展開していなくても，景気がよくなったり，新しく
工場が誘致されたり，プログラムとは別の要因が作用して200人分の雇用が
創出されたのかもしれない．そうだとすれば，プログラムがなくてもよかっ
たことになる．逆に，プログラムを実施する前と後で，失業者の数がともに
1000人と変化がなかった場合でも，プログラムを実施していなかったら，
失業者数が1200人に増えていたかもしれない．その場合，200人分の効果
があったことになる．

　有効性評価を行う際に難しいのは，プログラムを実施したときのデータの
動きではなく，実施しなかったときの動きの把握である．職業訓練プログラ
ムの例のように，実施しなかったときにはどうなっていたのかについての
データの動きがわからないと，そのプログラムが期待されたインパクトを社
会に及ぼしたのかどうかわからないからである（秋吉他 2010: 226）．

　以上のように，インパクトを測定する時には，政策を実施する前後の比較
を行う「Before and After 評価」ではなく，政策を実施した場合としなかっ
た場合を比較する「With or Without 評価」を行う必要がある．後者の評価
では，政策を実施しなかった場合をどのように想定するのかが問題となる．
政策を実施するグループと実施しない比較グループを設定して，その差分を
みるのが一番正当な評価方法である．評価の手法はたくさんあるが，ここで
はその典型例として，「ランダム化比較実験モデル」と「マッチング・モデ
ル」を紹介しておく．

### ⑶　ランダム化比較実験モデル

　「ランダム化比較実験モデル」は，もともと薬の効果を臨床試験で検証す
る際に用いられてきた手法である．最も大掛かりで，比較的正確にインパク
トを評価できる手法だといわれている．政策の対象となるターゲット集団を
特定し，その数が多かったらランダムサンプリングして，サンプル集団を作
る．乱数生成ソフトを使って，その集団をランダムに実施グループと比較グ
ループに分ける．実施グループと比較グループに入る確率を同じにし，プロ

グラムが実施されるか否かを別にして，他の要素は全く同じ条件にする．実施グループに対してはプログラムを実施し，実施しない比較グループとの間で成果指標の動きを比較する．その差が有意な形で確認できた場合にプログラムの効果があったと考える．

1970年代後半にボルチモア市で行われた事例を紹介しよう（龍・佐々木2000）．当市では，犯罪の再発を防ぐ手段として，刑期を終えた人たちがスムーズに市民生活に戻れるように，助成金を給付するプログラムが検討されていた．その効果がランダム化比較実験モデルで検証された．

ある年の出所者432人を対象に，彼らをランダムに実施グループと比較グループ各216人に分け，実施グループに入った人に対して，雇用されるまでの間，最大13週間にわたって毎週60ドルが支給された．1年後の逮捕記録を調べると，実施グループの22.2%，比較グループの30.6%が窃盗犯の疑いで再び逮捕されていた．8.4%の差があるが，これは統計学的にみて有意と判断された．その他の犯罪に関する再犯率の差は，有意とは判断されなかった．

このモデルの目的は，政策の有効性の確認にあるので，得られた効果が投入されたコストにみあうのかといった効率性についての情報は得られない点に留意するべきである．それでも，実施グループと比較グループが統計学的にみて等質であることが保証されており，同じ集団にプログラムを実施した場合と実施しなかった場合の成果指標の変化を比較することができる．

しかし，このランダム化比較実験モデルにはいくつかの制約がある．

第1に，それでも社会的・経済的変化が政策の効果に及ぼす影響を完全に除去するのは難しい．実施グループにも比較グループにも同じ社会的・経済的変化が及ぶにしても，変化が対象者に与える影響の大きさ，変化に対する受け止め方が違うかもしれない．

第2に，評価の実施に伴うコストが高額になる．一定規模以上のデータを集めないと統計学的に有意な差を検出することができないし，追跡調査をするという条件をクリアするのも難しい．

　第 3 に，倫理的な問題がある．ランダムで振り分けるとはいえ，出所後に給付金をもらえる人ともらえない人を設定するのは，社会的公平の観点から問題がある．政策を実施する前の段階で，パイロットプロジェクトの実験として実施する場合に限られる．

　第 4 に，セレクション・バイアスの問題がある．薬の効果を確認する臨床実験でよく問題になるのは，「プラセボ効果」である．新薬と聞いただけで心理的に作用し，症状がよくなることがあり，薬の効果を確認することを難しくしている．臨床試験の現場では，「ダブルブラインドテスト」といって，被験者にはどちらに割り当てられているかがわからないように，同じ形状の薬を渡すことで，効果の検証が行われている．ボルチモアの例でいえば，モニター対象であるという自意識が再犯行為に影響しているならば，それは厳密な意味で助成金プログラムの効果とはいえないだろう．

　ランダム化比較実験モデルは，一時期アメリカを中心に盛んに行われていたが，他の簡易な評価手法が開発されるにしたがい下火になった．しかし，インターネットの時代になり，政策が意識に及ぼす影響などについて，ランダム化比較実験モデルに似た発想に基づき，ウェブ上で検証することが可能になってきている．ビッグデータの解析技術が向上すれば，この手法に基づいて政策の有効性評価を行う政府や自治体も増えていく可能性がある．

　2019 年のノーベル経済学賞は，バナジー（Abhijit V. Banerjee）／デュフロ（Esther Duflo）／クレマー（Michael R. Kremer）の 3 氏に授与されたが，世界的な貧困緩和策について，ランダム化比較実験モデルを用いてその効果を検証し，このモデルを開発経済学に適用したことが評価されたことによるものである．環境分野において，エコラベルのデザインによって，人間の習慣や行動に変化があるかどうかについて，このモデルを用いて検証が行われたりするなど，適用範囲は着実に拡大しつつある．

## ⑷　マッチング・モデル

　有効性評価で最も広く使われているのは，「マッチング・モデル」である

（龍・佐々木2000）．このモデルは，次のようなプロセスで，政策のインパクトを確認する．

　まず，最初に政策を実施するグループを特定する．そして，その実施グループに関して，プログラムの成果に影響を及ぼしそうな属性を抽出する．これを「マッチング指標」という．次に，マッチング指標が近い特性をもつ比較グループを探索する．そして，実施グループと比較グループの間で，成果指標の動きを計測し，その差をみて，統計学的に有意かどうかを確認する．

　ランダム化比較実験モデルでは，比較グループの設定が統計学的に行われるのに対し，マッチング・モデルでは，手作業で比較グループを探さなければならない．

　たとえば，A村を実施グループとして，野菜の作付けに関する農業研修プログラムの効果をみる場合を考えてみよう．その村の人口，世帯数，耕地面積，作付け品種，地理的条件などがマッチング指標として考えられる．マッチング指標を頼りに，ある程度村の特性が似ているB村を見つけ比較グループとする．たとえば，成果指標として所得の変化を設定しておき，A村では農業研修を実施し，B村では実施しないで比較する．そこに有意の差があれば，この農業研修プログラムは，農家の所得に対してインパクトがあったことを確認することができる．

　A村とB村で全条件が完全に一致することはないので，成果指標の差が農業研修によるものなのか疑念がはさまれやすい．しかし，先進的な政策の効果を確認したいときには，このマッチング・モデルによって，条件が似た地域の成果指標の動きと比較することができる．

　マッチング・モデルは，ランダム化比較実験モデルよりもはるかに，政策が実施されてから効果が生まれるまでに起こる社会的・経済的変化の影響を受けやすくなる．たとえば，B村を巨大台風が襲い農作供物に被害がでた場合，農業研修とは関係のないところで所得の変化に関する政策の効果が影響を受けることになる．

## 3.　日本における政策評価の制度化

### (1)　政策評価法の背景

日本では，第二次世界大戦後，行政管理庁（後に総務庁に改称）の行政監察局による「行政監察制度」という独特の評価制度を発展させてきた．中央行政監察では，設定されたテーマについて，他の行政機関に調査に入り，発見した問題点を勧告という形で示す．勧告の対象となった機関は，改善策について公式に回答することが義務づけられていた．個別の政策が取り上げられることもあったが，その多くは政策評価というよりは，大づかみに制度や組織体制の不備を指摘する「パフォーマンス評価」に近いものだった．

政府レベルで政策評価を制度化する動きは，自民党の橋本龍太郎内閣のもとで設置された「行政改革会議」が1997年に発表した最終答申がきっかけとなって始まった．その背景には，次の2つの大きなトレンドがあった．

ひとつは，アメリカやイギリスにおける「ニュー・パブリック・マネジメント（New Public Management: NPM）」の動きである．NPMは，1970年代末にイギリスで成立したサッチャー（Margaret H. Thatcher）政権のもとで始められ，アングロサクソン諸国を中心に世界中に普及した一連の行政改革のパッケージである．民間部門と公共部門の経営手法は本質的に同じであるという発想に立ち，官民が対等に競争する環境を作り出せば，より質の高い公共サービスを安価で提供できるという信念に基づいていた．

たとえば，イギリスでは「市場化テスト」といって，政府は，地方団体に対して，道路や下水道の建設・維持管理業務，ビル清掃・ゴミ処理，学校給食，公園の維持管理から法律や会計といったホワイトカラーの仕事に至るまで，民間部門との間で入札競争を行うことを要求した．これまで政府や自治体が当然のように担当してきた政策について，なぜ公共機関が担当する必要があるのか，今の方法が最善なのかといったことが問われるようになり，それを検証するツールとして，アメリカを中心に技術と経験が蓄積されてきた

プログラム評価の手法が活用された．橋本内閣は，当時赤字財政から脱却するため「緊縮財政路線」を推し進めていたが，その目的を実現するツールのひとつとして，政策評価が位置づけられた．

　もうひとつは，地方自治体において，政策評価制度が導入され，そのノウハウと経験が蓄積されつつあったことも影響した．この動きで先駆的な役割を果たしたのは，三重県である．1995 年，知事に就任した北川正恭は，県庁の組織文化や行動様式を変えるため，改革が自然と連鎖し拡大していく仕掛けとして，1996 年に「事務事業評価システム」を導入した（北川 2004）．この制度は，事務事業を目的そのものから見直すこと，その目的を成果指標として数字で表現すること，有効性を評価することで今ある政策を積極的に見直していくことなどを目指していた．常に現状を疑い，エビデンスに基づいて政策の良し悪しを判断する姿勢を職員たちに身につけさせることで，政策形成能力の向上を図ることを狙っていた．知事は，県の事務事業 3300 件すべてについて評価したシートを毎年度の予算要求の際に添付することを求めた．三重県の制度をモデルとして，北海道の「時のアセスメント」，静岡県の「業務棚卸表」など，全国の自治体において，ユニークな政策評価制度が続々と導入されていた．

## (2)　政策評価法の制定

　橋本首相の強力なリーダーシップでまとめあげられた「行政改革会議」の最終答申に基づき，1998 年，「中央省庁等改革基本法」が成立した．この法律により，日本の省庁は大きく再編成され，ほぼ現在の体制になったのだが，その 29 条で，「府省において，それぞれ，その政策について厳正かつ客観的な評価を行うための明確な位置付けを与えられた評価部門を確立すること」が義務づけられた．各省が所管している政策を自分たちで評価する体制を作ることを求めたものだった．また，同じ 29 条で「政策評価に関する情報の公開を進めるとともに，政策の企画立案を行う部門が評価結果の政策への反映について国民に説明する責任を明確にすること」と規定され，政策評価の

結果を国民に広く公開することで，行政のアカウンタビリティ（説明責任）
を確保することが目指された．現在，どの省の HP をみても，毎年実施され
ている政策評価の結果が公開されている．

　この法律を受けて，2001 年に「行政機関が行う政策の評価に関する法律」
（政策評価法）が成立し，翌年の 4 月に施行された．この法律により，各省
は自分たちが担当する政策について，「必要性」「効率性」「有効性」を中心
に自己評価を行い，その評価の結果を政策に反映させることが求められた．

### ⑶　現行の政策評価体制

　現在，各省は，「政策評価の実施に関するガイドライン」に基づいて政策
評価を行っている．その内容をみてみよう．

　ガイドラインは，各省に対して，政策体系を明示することを求めている．
政策体系は，政策（狭義）−施策−事務事業の 3 層構造で示すことを基本と
している．各省の HP をみると，自省の政策体系が示されており，これは，
自分たちの担当する事務事業がその組織全体の政策体系のどこに位置づけら
れているのかを意識づけるうえで，とても意味がある．

　ガイドラインでは政策評価の方式として，現在「事業評価方式」「実績評
価方式」「総合評価方式」の 3 つの方式が示されている．

　事業評価方式は，政策体系における最下層の事務事業を対象とする評価で
あり，事前評価と事後評価に分けられている．事前評価では，国民や社会の
ニーズや上位目的との関係で妥当かといった「必要性」，費用にみあった効
果が得られるのかといった「効率性」，上位目的との関連で必要な効果が得
られるのかといった「有効性」の観点に加え，その効果をどのような方法で
いつ検証するのかなども検討する．一定額以上の費用が見込まれる研究開
発／公共事業／政府開発援助／規制／租税特別措置については，事前評価を
行うことが義務づけられている．事後評価は，事前評価を行った事務事業や，
既存の事務事業で国民生活や社会経済への影響が大きいもの，多額の費用を
要したものについて，事後的に効果を検証するものである．

　実績評価方式は，各行政機関の全施策を対象とし，国民に対して「いつまでに，何について，どのようなことを実現するのか」を成果ベースで示し，その達成度合いを事後的に検証するものである．直接，施策の成果を数値で表現することが難しいものについては，関連した設定可能な指標を用いて達成目標を示すとされている．

　総合評価方式は，政策の体系の最上位に位置づけられる狭義の「政策」を対象とする評価である．評価対象の政策が効果を発揮しているかどうかを，様々な角度から具体的に検討し，直接的な効果だけでなく，因果関係や外部要因についての掘り下げた検証も行い，必要に応じて波及効果とその発生プロセスも分析するとされている．

　以上の体制のもとで実施される評価の結果は，予算の作成や政策の見直しなどに活用するため，次年度の概算要求の時期までに評価シートの形でHPに公表される．

　また，これまで行政監察を担当してきた総務省（旧総務庁）は，「統一性・総合性確保評価」と「行政評価・監視」を実施している（寺迫・西岡2021）．前者は，複数の府省にまたがる政策について総合性確保の観点から評価を行うものである．「女性活躍の推進に関する政策評価」「農林漁業の6次産業化の推進に関する政策評価」など，日本社会が直面している大きな政策課題が設定される傾向にある．行政評価・監視は，業務の現場における政策の実施状況を把握するべく調査に入るもので，以前の行政監察に近い印象を受けるが，「太陽光発電設備等の導入に関する調査」「『ごみ屋敷』対策に関する調査」など，多彩なテーマが設定されている．

　それに加えて，総務省は，政策評価法12条により，「客観性担保評価」という形で，各省の政策評価の運用状況を検証し，適切な形で政策評価が実施されているのかをチェックする役割も担っている．この「評価の評価」の結果もまた公表される．

　以上のような政策評価体制が確立して四半世紀が経とうとしている．政策評価法が施行されて当初の3年間，毎年1万件の評価が実施され，担当者は

悲鳴をあげていたという．政策評価にかかる負担（時間や金銭）は，直接政策を実施するためのコストではなく，いわば「間接経費」であり，職員たちのモチベーションは上がらない．いわゆる「評価疲れ」の声が国・自治体から聞こえてきた（秋吉他 2010: 237）．政策過程の改善を目指して推進されてきた政策評価は，制度化されたとたんに，政策過程を阻害する姿を現わしてしまうというディレンマ状況を生み出している（山谷 2006）．本来ならば，アメリカなどで開発されている政策評価の技法を積極的に導入して，より高度な評価体制を作るべく自己成長していくのが理想だが，日本ではしだいに身の丈に合った（したがって厳密さに欠ける）政策評価の仕組みに落ち着いていっている印象である．

## 4.　政策過程のフェーズの融合

### ⑴　政策評価と他の政策過程フェーズの相互浸透

　政策過程の段階モデルによると，一般に政策実施過程の後に評価過程がくると理解されている．しかし，「政策に関する評価」という広い意味での政策評価は，政策過程の様々なフェーズで行われている（秋吉他 2010）．

　たとえば，課題設定段階では，「ニーズ・アセスメント」や「政策マーケティング」という形の評価活動が行われている．ニーズ・アセスメントでは，課題設定の候補にあがっている社会問題について，正式に取り上げるべきかどうかを検討する段階での評価である．たとえば，その社会問題の深刻さ，範囲の大きさ，問題が発生している要因構造などを把握し，その問題を取り上げた場合，現在調達可能な資源を動員することで解決する見込みがあるのかについてフィージビリティ調査を行う．

　政策マーケティングでは，企業のマーケティング手法を用いて，市民が社会のどのような事柄を問題だと考えていて，政策を通じて解決することを望んでいるのか，どの程度の解決を望んでいるのかについて調査を実施する．マーケティング調査に基づき，市民の願いをビジョンの形で言語化し，それ

を実現するための手段の体系を作り，数値目標を設定していく．これも，設定するべき課題をみつけるための評価作業といえる．

　政策形成の段階でも，評価分析が行われている．最も政策の現場で活用されている分析手法は，「費用便益分析」であろう．政策を通じて社会全体にもたらされる効用を，貨幣単位（日本なら円，アメリカならドル）で把握することで，検討されている政策案を採用するべきか，複数の選択肢の中でどれが一番費用と便益のバランスがいいのかを検討する手法で，日本では公共事業の計画段階などで積極的に活用されている．

　複数の選択肢の中からひとつに絞り込む際には，「費用効果分析」が用いられる．政策の効果を便益という貨幣単位で把握する費用便益分析とは異なり，効果の部分をいくつかの要素に分け，その要素にポイントをつけ総合化することで，選択肢の中で最も費用と効果のバランスのよいものを選択する手法である．民間資金を利用して公共施設の建設／管理／運営を行う「PFI (Private Finance Initiative)」事業など，提案公募の要素を含む総合評価入札制度などで活用されている（風間 2005）．

　政策決定直後には，事前評価が実施される．さきほど説明した政策評価法のもと，法律で実施が義務づけられている事業の事前評価は，政策が実施に移される前に，費用便益分析などを使って効果の予測を行うものである．

　政策実施過程においては，「プロセス評価」や「モニター評価」が行われる．これらは，実施担当者や対象集団が政策形成段階で想定した行動をとっているのかを確認し，事前に設定したロジックモデルどおりに，因果関係のチェーンが作動しているのかをみるものである．実施過程が終了した段階で政策評価が行われるのではなく，実施プロセスと並行して評価を行うことで，進捗管理を行い，実施の途中であっても，このままだと期待された効果をあげる可能性が低いことが判明した段階で，目標の水準を下げるか，投入する資金や人員を増やすなど政策の内容を変更するのかについての判断材料を提供する．

## ⑵　政策過程の全体像をつかむ

　第1章から本章まで，政策過程のフェーズに分けて，政治学を中心に，どのような研究が行われてきたのかを紹介してきた．

　しかし，政策決定のフェーズは，その前に選択肢に関する検討過程，つまり政策形成ともいえる過程があること，政策課題の設定のフェーズでは，キングダンの「政策の窓モデル」によると実は課題が設定されるまでに「政策の流れ」の中で政策の内容が検討される政策形成過程が組み込まれていることを明らかにした．政策実施過程も，特にボトムアップ・アプローチに基づくと，実施担当者と対象集団の相互作用を通じて政策が完成されていくという意味で，政策形成過程でもあることがわかる．また，民泊法のように，国の法律に基づいて条例が制定される場合には，実施過程の中に課題の設定や政策の形成のフェーズが組み込まれていることになる．そして，政策評価は，技法としてみたときには，政策課題の設定から政策形成，そして政策実施の各フェーズにも活用されている．

　以上のように，政策の現場においては，政策過程のフェーズが順番に規則正しく出現するのではなく，もっと複雑な様相を呈している．それぞれのフェーズは，融合しており，重層的に影響しあうことで，政策の過程がダイナミックに動いている．したがって，政策過程のひとつのフェーズを切り取って研究するよりも，政策過程の全体像を研究対象とすることで，政策形成の理論のところで紹介した多元主義的な政策過程研究の「一般化問題」と「決定論問題」を克服していく必要があると考える．

　次章以下では，その可能性を探ってみたい．

# 第**6**章
# 新制度論の可能性

## 1. 新制度論の「新しさ」

### (1) シカゴ学派と政策過程研究

　1980年代後半頃から，政治学の世界で，多元主義に基づく政策過程研究が政策現場に役立つ知見を提供できないことについて自己反省する動きが出てくる．それは，政治学の研究姿勢そのものに対する批判でもあった．

　現代政治学が学問として確立した当初，その主な研究対象は，憲法体制や法制度だった．たとえば，アメリカ政治の研究といえば，大統領の憲法上の権限に関する研究や大統領の選挙制度の研究を議論の入り口にしていた．もちろん，そのような憲法や法制度の中で，実際にどのような政治が行われているかについても研究されていたが，出発点は憲法や法制度であった．

　しかし，アメリカの統治機構は，アメリカという国の特異な歴史によって成立し運営されている．イギリスから独立を果たした「建国の父たち」が当時の政治状況と実現したい理想の国家像のもとで創造したというアメリカ合衆国の特殊な歴史が反映されている．そこには，植民地支配を経験したアメリカ人特有の価値観が息づいている．イギリスが長い歴史を経てたどり着いた議院内閣制にはイギリス固有の歴史，日本の統治機構にはGHQ占領下で起草された憲法という特殊な歴史がある．国家において，固有の歴史や価値観・文化の中で統治機構が存在し，その中で政治が行われている．そう考えると，アメリカにおける政治と日本における政治は，別の価値観，違った歴

史が反映されていることになる.

　物理学や化学に代表される自然科学は，異なった価値観や文化的背景を
もった人たちであっても研究内容について議論することができ，学習し刺激
しあいながら学問を発展させてきた．価値観の強い影響下にある政治学では，
同じようなプロセスで発展させることができないことになる．そこで，1920
年代に入った頃から，シカゴ大学を中心に，もっと政治学を価値自由の形で
発展させようという運動が起こった．シカゴ学派が目を向けたのは，人間の
行動である．人間も文化や価値観を背負っているが，どのような条件のもと
でどのような動機で行動するのかに着目すれば共通点が多く，より一般化し
た形で政治を研究することができると考えた.

　人間や集団の行動を追っていき，人間や集団の相互作用を通じて政策が生
まれていくと考える多元主義的な政策過程研究は，シカゴ学派の考え方にも
馴染みやすい．多元主義的な研究では，各主体の行動が分析の中心に据えら
れ，憲法や法律といった制度は，あまり重視されなくなっていった．ところ
が，こういう多元主義的な方法で政策過程を研究しようとすると，前述した
ようなジレンマに直面することになる.

## ⑵　公式・非公式のルールとしての制度

　そのような学問状況の中で，再び「制度」の重要性に注目する研究者たち
が登場する．ここでいう制度は，憲法体制や法律といったものだけを意味す
るのではない．それよりもはるかに広く，ある関係の中で自然と作られ育ま
れた非公式のルールも含まれる．行動や思考を縛るものはすべて制度といっ
ていいかもしれない．一般には，制度は，「公式・非公式のルール」を意味
するといわれる．このような意味での制度に再び注目して，公式・非公式の
ルールが人間や組織の行動や相互作用に及ぼす影響を研究する人たちが出て
きた．社会科学では，そのような研究の方法を「新制度論（new
institutionalism）」，研究スタイルを採用している人を「新制度論者（new
institutionalist）」と呼んでいる（Peters 2011）.

　社会学者の盛山和夫は，ルールとは，「現実の人々の行動や意識に働きか
けて，社会的な現実を塑造しようとするもの」と説明し（盛山 1995: 168），
個人や集団の意識や行動に働きかけて，ある方向に導くもの全般をルールと
捉えている．たとえば，2011 年の東日本大震災により福島第一原子力発電
所の事故が起きるまで，日本の原子力発電所は絶対安全であると多くの日本
人は信じていた．これを「安全神話」という（高木 2011）．原子力発電所建
設の話が持ちかけられると，当初地元の人たちは，事故によって致命的な事
態が起こることを心配して反対する．それに対して，原子力発電所は「フェ
イルセーフ」の思想に基づいて何重もの安全防護措置が用意されていて，仮
に事故が発生しても爆発やメルトダウンによって放射能が外に放出されるよ
うな事態は起こらないと科学者や政治家は説明する．説明が繰り返されるう
ちに，「日本の原子力は安全だ」という神話が作られていく．原子力発電所
を受け入れた自治体の住民たちはその神話を信じてきた．

　絶対安全ということはないと認識していたはずの原子力技術の科学者たち
も，安全性を強調するうちに，自己暗示にでもかかったように神話を信じる
ようになっていった．政治家も官僚も，当初原子力の安全性に確信がもてな
かったはずだが，原子力発電所の立地を推し進めるうちに神話に支配される
ようになった（吉岡 2011b）．新しい知見によって安全基準を厳しくしなけれ
ばならなくなっても，「基準を見直すということは，それまでの絶対安全と
いう説明はウソだったのか」「だとすれば，新しい基準を満たしたとしても
も安全ではないのではないか」と神話への疑念が生まれるのを恐れて，見直
しが進まず，安全対策面で他国の後塵を拝することになってしまった．安全
神話により，福島エリアで大きな津波が起こる可能性，津波によって全電源
が喪失する可能性，原子炉を冷却できず爆発する可能性について合理的に思
考することができず，対策を怠ってしまった（風間 2015）．

　関係者の思考や行動に影響を及ぼした安全神話は，新制度論の捉え方でい
えば，制度として機能したことになる．安全神話という制度の存在が，福島
第一原子力発電所の事故という悲惨な結果を招いたと考えることもできる．

　以上のように，福島第一原子力発電所の事故という原子力政策の失敗には，安全神話という制度の存在が影響していることを明らかにできれば，同じ失敗が二度と繰り返されないようにするために，安全神話から脱却する手段を提案することができる．悪い結果に影響を及ぼした制度の存在を特定することに，政策過程を研究する意味を見い出すことができるのである．

### ⑶　ハイエクのノモスとテシス

　制度には，誰かが意図して作ったものと，自然と生み出されたものがある．自然と生み出された制度を，オーストリアの経済学者であるハイエク（Friedrich A. Hayek）は，「自生的秩序」と呼んでいる（Hayek 1974: Chap.2）．自生的秩序に結びつくルールについて，ハイエクは，「ノモス」というギリシャ語をあてている．ノモスは，「人々がその意図や起源も知らない，往々にしてその存在にすら気がつかず」，「淘汰（とうた）の過程で進化を遂げ，数世代の経験の所産となっているルール」であり，発明されるものではなく「発見」されるものであると説明している．

　たとえば，地球上の多くの部族では，近親婚が禁じられている．誰が禁じたのかはわからないが，近親者と婚姻関係を結んではいけないというルール（制度）があって，その制度の中でわたしたちも生活している．民法では，三親等以内の婚姻を禁じているが，民法制定以前からそういう制度は存在していた．近親婚を繰り返すと，遺伝的に弱い子孫が生まれることが経験的にわかっているからなのだろう．この種の制度を「ノモス」という．人権の保障，市場原理といった制度は，このように長い歴史を経て生み出された「ノモス」に支えられているとハイエクはいう．

　それに対して，人間や集団がある目的をもって作る制度がある．これをハイエクは，「テシス」と呼んでいる．議会で制定される法律は，テシスである．状況の変化に応じて，ノモスを確認したり，ノモスを変更したりするものである．日本では戦後，長い時間をかけて，内閣法制局を中心に，日本国憲法のもとで集団的安全保障の是非や自衛権が及ぶ範囲についての憲法解釈

を積み重ねてきた．これが日本国政府の安全保障政策をめぐる判断において
ノモスとして影響を及ぼしてきた．一方で，旧安倍政権は，ノモスとして守
られてきた集団的安全保障に関する政府見解に対し，立法の力，つまりテシ
スによって変更を加えた．

　ノモスのような歴史の産物が，人間の意志的な行為である立法とならんで，
制度として人間の行為に影響を及ぼしているというハイエクの洞察は，あと
で説明するゲーム理論におけるルールの成り立ちをめぐる議論に大きな影響
を及ぼすことになる．

## 2.　他の学問領域における新制度論の展開

### (1)　経済学新制度学派

　今の政治学における新制度論に影響を及ぼした学問的な流れは，いくつも
ある．少なくともいえるのは，新制度論は，政治学の中で発展してきたので
はないということである．それ以前に，歴史学・社会学・経済学・ゲーム理
論など，様々な学問分野で同じように制度に注目するべきだという問題意識
が芽生え，互いに影響を与えあいながら，新制度論の大きな潮流が作られて
きている．ここでは，経済学・経営学・ゲーム理論を取り上げておく．

　経済学において，現在「新制度学派」といわれる研究者の一群が力をもち
つつある．当初，新制度学派はマイナーな存在だったが，最近，この学派の
研究者がノーベル経済学賞を受賞するようになるなど勢力を拡大させている．
この経済学の新制度学派の生みの親といわれているのがコース（Ronald H.
Coase）である．

　コースは，「なぜ市場に企業組織が存在するのか」という不可思議な問い
を立てる（Coase 1991）．市場の理想は，完全自由競争であり，大企業も中小
企業もできる限り同じ条件のもとで競争をすることで，市場の機能が最大限
生かされる．しかし，自由競争を理想とするはずの市場の中に企業組織が存
在する．企業組織は，通常官僚制のようなヒエラルキー型の組織構造になっ

ている．経営者から末端社員に至るまで階級が存在し，命令－服従関係がある．そこには，自由な競争関係は存在しない．市場の原理とは本質的になじまないヒエラルキー型の企業組織が存在する理由について考察しようとしたのである．

　この問いに対して，コースは，「取引費用（transaction cost）」という概念を用いて説明を試みる．まずは，企業組織が存在しない状況を考えてみよう．たとえば，職人たちが生産工程を分業しながら，最後に製品を完成させて市場に売り出しているとする．市場原理は，職人と職人の関係にも及ぶ．他の職人からより安く同じ品物を仕入れることができれば別の職人に乗り換えたいと考えている．取引相手の職人も，条件によっては，別の職人に自分が作ったものを提供する自由をもっている．そのようにして，職人間で交渉が行われて，取引される量や価格が決まる．この関係は，生産工程に関わるすべての職人と職人の関係にも当てはまる．それぞれの関係は不安定で，これまで仕入れていた職人からほしい品物が入ってこなくなる可能性がある．そうなると別の職人を探して価格の交渉をしなければならなくなる．それぞれの関係の中に，交渉にかかる時間や不確実性がコストとして発生する．これを「取引費用」という．交渉し取引を成立させて契約を結ぶ．そこに時間と不確実性という形でコストがかかってしまうのである．

　ここに企業組織という制度が作られる理由があるとコースはいう．職人たちは，それぞれ会社と雇用契約を結ぶ．この段階だけ，会社と職人の間に，雇用条件をめぐる取引費用が発生するが，いったん雇用されると，職人たちは会社の生産ラインに組み込まれる．自分の担当部分が完成したら，決められた職人に製品を渡すことを企業から命令される．このように，職人間の交渉関係を会社の生産ラインに組み込むことで，取引コストを大幅に減少させることができる．職人たちは工具として規則や命令などの会社の制度のもとで仕事をすることになる．

　市場では，自由競争原理が働いているので，会社組織をもたない生産過程により提供される商品と，企業組織の中の生産ラインで作られた商品で，他

の条件が同じならば，後者の方が取引コストの分だけ安価で生産・提供することができ，市場で有利に振る舞うことができる．そのようにして，一見，自由競争原理と矛盾する企業組織が市場に存在するようになったという説明である．

　このようにコースは，取引コストを減らすための仕組みとして，企業という制度が作られると考えた．工員たちは雇用契約に基づいて経営者の命令や会社の規則に服従する．そこには交渉はなく，企業が定めたルールと上司からの命令を守るという制度が生産過程を支えているという説明である．

　ウィリアムソン（Oliver E. Williamson）は，別の角度からコースの命題に答案を書いている（Williamson 1975）．世の中が進歩して高度な製品が作られるようになると，製品を生産する過程がしだいに複雑化し，複数の人間がチームで生産を担うようになっていく．社会心理学の常識だが，多くの人が生産過程に関わり，各人の貢献が評価されないとすれば，ひとりひとりの出す力がだんだんと小さくなっていく．これを「シャーキング（忌避）」という．シャーキングに対応するために，工員の作業を見守り，各人の貢献をチェックする管理者を置くことになる．この管理者は，直接生産に関わっていないが労働者のパフォーマンスをチェックし，ひとりひとりの力を最大限引き出すことで，生産に関わらない分のロスを取り戻すことができる．

　以上のように，集団作業が進化していき，作業に関わる人が増えることで起こるシャーキングを防ぐために，企業組織において上下関係が作られ，命令をしたり解雇したりする権限が管理者に与えられる．そのような制度構造を作ることで，企業組織はメンバーから最大限の力を引き出し，そういう制度がない生産工程よりも高い生産性を実現することができる．だから，市場にヒエラルキー型の企業組織が作られているという解答である．

　以上のように，自由競争を理想とする市場においても，企業組織という制度のみならず，商法や消費者保護法といった法律，株式市場に上場する際のルールなど，いろいろな制度が存在し，企業や消費者の行動に影響を及ぼしている．こういう発想で，新制度学派の経済学者たちは，市場においてどの

ような制度が存在し，健全な市場に貢献しているか，あるいは阻害しているのかを研究している．

## ⑵　経営学における新制度論

　経営学において新制度論でいわれているような非公式ルールに注目が集まったのは，「ホーソン工場の実験」がきっかけだった．これは，メイヨー（George E. Mayo）をリーダーとするハーバード大学の研究チームが1924年からウェスタン電気会社のホーソン工場において行った実験で，その結果は，経営学の理論に根本的な変化をもたらしたといわれている（吉原2013）．

　メイヨーたちは，工場内の照明など，職場の物理的環境を改善すれば，工場で働く労働者たちの生産性が高まるという仮説を立て，作業環境を改善したグループとそのままのグループで比較実験を実施した．しかし，職場の物理的環境が生産性の向上につながることを実証することができず，実験は失敗に終わった．彼らは，生産性が向上しない原因を突き止めようと，1927年から32年にかけて，再びホーソン工場において徹底的なインタビュー調査を実施した．

　そこで明らかになったのは，驚くべき事実だった．ホーソン工場では，工員集団の中に，一日の作業量に関して「掟」が存在していることが発見されたのである．工員たちが全力を出してチーム全体の成果を上げてしまうと，その上昇した作業量をもとにチームのノルマが決められてしまう．それでは，日々の労働がきつくなるので，彼らは「仕事に精を出しすぎない」という非公式の掟を作っていた．それを破ったり上司に告げ口したりした者は，集団内で嫌がらせを受ける．このようなインフォーマルな集団の中で，公式的な組織の規則よりも重視されるルールが作られていたことが，職場環境を改善し，出来高制を導入しても，生産性が上がらないことの原因だったことが判明した．

　工場内で形成されるインフォーマルな関係，そこで作られた掟は，制度として，工場の作業員の行動，ひいては工場全体の生産性に大きな影響を及ぼ

しており，その非公式ルールは，会社の規則や工場長の命令といった公式的なルールよりも優先されていた．

　ホーソン実験を契機として，企業組織で形成されている非公式ルールに注目しないと，有効な経営はできないと主張されるようになった（Barnard 1956）．以後，経営学や組織論では，組織文化や職場の雰囲気も制度として扱う研究が進んでいく（佐藤・山田 2004）．たとえば，育児休業制度を導入し，男女分け隔てなく育児休業をとれるように法律で定めても，職場に，男性が育児休業を言い出せない空気が作られている．昔の金融機関やメーカーでは，女性社員は結婚を機に退職するものだという「寿<ruby>寿<rt>ことぶき</rt></ruby>退社」という非公式の制度があり，結婚後も仕事を続けたいと言い出しにくい空気が作られていた．このような組織文化や職場の空気が，組織のメンバーの意識や行動を制度としてコントロールしている．

### ⑶　ディマジオとパウエルの組織フィールド論

　もうひとつ，経営学の分野で，新制度論に関係する興味深い研究があるので紹介しておく．ディマジオ（Paul D. DiMaggio）とパウエル（Walter W. Powell）による「組織フィールド（organizational field）」の研究である（DiMaggio & Powell 1991）．ふたりは，業界において，なぜ競いあう関係にある企業が同じ組織の形になっていくのかという「同型化」の命題に取り組んだ．たとえば，新聞社はどこでも政治部・社会部・経済部・文化部などの部門が作られている．銀行の組織もどこも似通っている．他の業界と比べると全く違うが，同じ業界では同型化が進んでいる．ふたりは，その理由を「組織フィールド」の存在に求めた（図6-1）．これは，各会社からみて，自分たちが置かれている世界に対する認識の集合を意味する．各業界の組織フィールドを特徴づけている要素はいくつかある．

　第1に，政府による規制への対応である．同じ業界にいると，同じ規制を政府から受ける．たとえば，建設業界は，大規模開発を行う際に政府から様々な規制を受けている．その規制に対応するために会社組織を編成してお

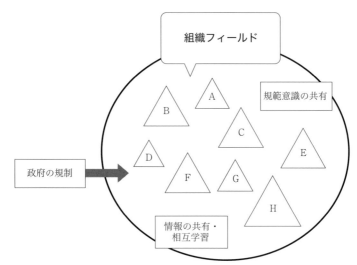

出典：DiMaggio & Powell（1991）より筆者作成．

**図 6-1　組織フィールド**

く必要がある．

　第2に，企業間の情報共有である．新しい組織体制に改革して成功した企業があると，他の企業は，その企業の成功理由を研究し模倣する．業界誌があって，成功事例が常に紹介されている．業界団体があって情報を交換している．組織フィールド内のソースから得た情報から学習して，先に走っている企業に追いつこうとする．これが企業組織の同型化を生んでいる．

　第3に，組織フィールドにはその業界固有の専門家が存在し規範意識が共有されている．たとえば，建設業ならば，日本建築学会や土木学会などに，会社として，あるいは社員個人が加入している．そのような専門家のコミュニティの中で資格や技術が共有され，行動規範が形成される．このような規範の存在が組織の同型化を促している．

　以上のような組織フィールドは，企業組織の形のみならず企業戦略にも大きな影響を及ぼしていることがわかってきている．つまり，組織フィールド自体が，様々な公式・非公式のルールのセットであり，一種の制度として，

|  |  | 囚人B ||
|  |  | 自白しない | 自白する |
|---|---|---|---|
| 囚人A | 自白しない | 懲役2年・懲役2年 | 懲役15年・懲役1年 |
| | 自白する | 懲役1年・懲役15年 | 懲役10年・懲役10年 |

出典：筆者作成.

**図6-2 囚人のジレンマ**

企業の行動に影響を及ぼしている．業界ごとに形成される組織フィールドを制度として捉えることにより，新しい視点で企業行動を分析することができる．

### ⑷ ゲーム理論の新制度論への貢献

ほぼすべての学問分野における新制度論の発展に大きな影響を及ぼしている研究にゲーム理論がある．現在，ゲーム理論は，多様な展開をみせており，経済学や政治学におけるアカデミックなレベルのゲーム理論研究を理解するには，高度な数学の知識が求められる．ここでは「囚人のジレンマ状況」から，ゲーム理論のさわりを紹介し，新制度論との関係を簡単に説明しておく．

ゲーム理論は，次のような「囚人のジレンマ状況」を示すことから議論を始めることが多い．

あるふたりの共犯が疑われる容疑者が警察に連行された．警察は，証拠に不足していて，この容疑者たちから自白を引き出そうとしている．ふたりは，別々の部屋に連れていかれ取り調べを受けるが，それぞれ刑事から，次のような話を耳元で囁かれる．

その内容をまとめたのが，図6-2である．刑事は，Aに向かって，次のような提案をする．Aが自白した場合，もしもBが自白しなかったときには，Aのおかげで犯罪が立証できたことになるので，Aは懲役1年の刑ですみ，Bは懲役15年の刑を受ける．もしもAが自白せず，Bが裏切って自白すると逆に，Aが15年の刑を受け，Bは1年で出所することができる．ただし，両方が自白しなかった場合には，十分な犯罪の立証ができないので，それぞ

れ2年の懲役ですむ．AとBがともに自白した場合には，ふたりとも10年ずつの刑を受けることになる．

　さて，容疑者たちは，どう判断するだろうか．もしも自分が自白しなかった場合に，相手も自白しなかったら懲役は2年，自白したら15年となる．つまり，17年を2で割った8.5年が期待値である．自白した場合には，相手が自白しなかった場合は1年，自白した場合は10年なので，期待値は，11年を2で割った5.5年となる．両方とも合理的に計算することができる人間ならば，自白の方が有利だと判断して，相手を裏切り自白する選択をするだろう．しかし，AとBが自白の判断をすると，ふたりとも10年，合わせて20年の刑を受けることになる．ふたりとも自白しないという判断をすれば，合わせて4年の刑ですみ，ふたりにとっての「パレート最適値」を獲得することができるはずだが，実際には，両方とも自白して計20年の刑を受けてしまう．これを「ナッシュ均衡」という．これが「囚人のジレンマ」と呼ばれる状況である．

　ここで考えられているのは，1回ゲーム，自白するか自白しないかの判断を囚人たちは1回しかすることができない場合である．しかし，もしもふたりが，何回もゲームを繰り返すことができるとすればどうだろうか．最初は，両方とも自白するだろう．しかし，10年ずつの刑を受けるという結果を知り，相手を信頼すればよかったことに気づき，自白を拒否する．ところが，相手が自白して，15年の刑を受ける．今度は，自白することにしたら，相手が自白しなかった．このようなプロセスをたどりながら，繰り返しゲームを続けていけば，いずれは，ふたりとも自白しないという行動を選択することが多くなる．つまり，パレート最適値に近づいていく．

　このように，関係者の間にコミュニケーションのチャンネルも信頼関係もなくても，ゲームが繰り返され，その結果だけを判断材料として次のゲームに臨む状況が与えられれば，ふたりの間には，協力するルールが形成される．これを「自生的なルール形成」という．

　実は，ビジネスの世界でも，似たようなプロセスをたどってルールが形成

されている．物を購入したら代金を払わなければならないという当たり前の
ルールは，1 回ゲームだったら約束を破り踏み倒して逃げてしまった方が得
なのかもしれない．しかし，そういう不誠実な行動をとると，信用が失われ，
他の取引先にも情報が共有され，次の取引を行うことができなくなる．この
ような商取引をめぐる経験の積み重ねによって，ビジネス界に様々なルール
が作られていく．ゲーム理論における自生的ルール形成は，ハイエクのノモ
スの議論ともつながっていることがわかるだろう．

　以上のように，ゲーム理論では，ゲームのプレーヤーの相互作用によって
ルールが生み出され，そのルールの蓄積によりゲーム構造が形成されると考
えられている．そして，今度は，そのゲーム構造（制度）をプレーヤーは意
識して行動を選択するようになり，プレーヤー間の相互作用に影響を及ぼす
（青木 2003）．このようにゲーム理論は，個人や組織の意思決定や行動と，公
式・非公式のルールで構成される制度の関係を理解するのに役立つ視座を提
供している．

## 3.　政治学における制度論の復活

### (1)　マーチとオルセンの「制度の再発見」

　以上のように，様々な学問分野において，「制度」が人間の判断や組織の
相互作用に及ぼす影響にもう一度注目する動きが出てきている．一方で，政
治学では，制度を軽視し集団や個人の行動や相互作用にもっぱら注目した多
元主義的な分析がある種の行き詰まりに直面していた．

　そのような状況において，政治学の世界でも，制度が果たしている役割に
目を向ける研究者が出てきている．ここでは，マーチ（James G. March）とオ
ルセン（Johan P. Olsen）が 1989 年に出版した『制度の再発見』（*Rediscovering
Institutions*）を紹介しておこう（March & Olsen 1989）．この本のタイトルに
端的に表現されているように，制度が現実の政治に果たす役割について，あ
らためて注目するべきであると主張したものである．

マーチとオルセンは，1950年代以降の政治学が非制度的な政治理論に傾斜している点を指摘したうえで，現実の政治は明らかに制度の影響を受けており，制度を排除した理論では，重要な視点が抜け落ちてしまうと論じる．多元主義的な研究アプローチそのものを否定したのではなく，そこに「古い制度論」を混ぜ合わせることで，ダイナミックな「新しい制度論」を構築することができると主張している．彼らは，政治制度を「相互に関連づけられたルールとルーティンの集合であり，役割と状況の間の関係からみて適切な行為を規定したもの」と定義し，制度は，政治生活における安定と変化の両方に貢献すると指摘する．

マーチとオルセンは，「結果の論理（a logic of consequence）」と「適切さの論理（a logic of appropriateness）」を対比させている．前者は，たとえば，対立が続けば悲惨な結果が待ち受けているといったように，不利益についての合理的な計算によって形成される判断の拠り所である．後者は，特定の状況において特定の個人にとって（理由はよくわからないが）「適切であること」を示すものである．たとえば，政治の世界には，「政治家ならこう振る舞うもの」といった行動指針が存在し，政治アクターは，予測を伴う「結果の論理」よりも直感による「適切さの論理」を優先しながら，日々意思決定を行い，「適切さの論理」を共有しながら相互作用を繰り広げている．適切さを示すルールとルーティーンの集合が「制度」だと彼らがいうのは，そういう意味である．

たとえば，伝統的にアメリカ大統領選挙では，選挙に負けた候補者が先に敗北宣言を行い，それを受けて当選者が勝利を宣言することが，候補者として期待される振る舞い方だった．そして，選挙期間中に誹謗中傷しあった相手であっても，大統領就任式まで政権の移行に全面的に協力するのがアメリカの政治家にとって適切な態度であった．これは，憲法や法律に明記されているわけではなく，非公式にアメリカの歴史の中で作られてきたノモスのようなものであり，制度として，アメリカの政治家の行動に大きく影響を及ぼし，そこに一定の秩序を生み出してきたのである．

　特に，法律などの公式なルールではない類（たぐい）の制度を扱うときには，関係者が「それに従うことが適切である」と認知している状況から，制度の存在を特定する必要がある．制度を特定したうえで，それが誰に対してどのような場面でどのような影響を及ぼしているのかを考察することになる．

## ⑵　組閣ルールと日本政治

　日本の政治に影響を及ぼしてきたと思われる制度をひとつ取り上げてみたい．「5回当選を重ねた国会議員には，できるかぎり大臣ポストを用意する」という自民党内の不文律である．この組閣ルールは，もちろん法律にも党則にも明記されていない．しかし，自民党では，この非公式ルールが 1960 年代中頃の佐藤栄作内閣あたりからずっと「適切さの論理」として党関係者に認知され引き継がれてきた．

　自民党政権のもとでは，党の総裁選で勝利すれば，国会で指名されることは確実で，総理大臣のポストが約束される．憲法によって，総理大臣には，大臣を任命する権限が与えられている．憲法が想定した議院内閣制とは，総理大臣が与党議員の中から自分の信頼する優秀な政治家を大臣に任命して，大臣との信頼関係を絆（きずな）としてチームで内閣を運営する統治の形である．

　しかし，自民党では，総理大臣への就任が決まると，各派閥から大臣候補者の名簿が届けられる．その名簿には，各派閥において当選を重ねた議員たちの名前が書いてある．総理大臣は，派閥の協力を得ながら党運営・政権運営を行うために，そのリストの中から大臣を選ぶことになる．主流・反主流の派閥のバランス，大臣の「格」などを考慮しながら，まるでパズルを解くように，人選し組閣をしていくのである．

　このような組閣ルールが存在するために，派閥に所属していれば，5 回当選を重ねたというだけで誰でも候補者リストに掲載され，大臣に任命されることになる．国会答弁も満足にできなかったり，不穏当な問題発言を行ったりして，辞任を余儀なくされる不適格な大臣が後を絶たないのも，この自民党の非公式ルールが影響している．憲法で想定した，総理大臣が信頼のおけ

る有能な同僚議員を大臣に任命するという議院内閣制の根本原則が，自民党の制度によって歪められてきたのである．

　この自民党の非公式制度は，内閣の運営にも悪影響を及ぼしている．憲法では，大臣は，自分が総理大臣に能力を見込まれ大臣に引き立てられたと認識して力を尽くすことを前提としている．しかし，大臣たちの多くは，自分が大臣のポストを得たのは，派閥が自分を大臣に推薦してくれたからであることを知っており，大臣たちの忠誠心は，総理大臣よりも派閥の領袖に向けられる．閣内には，反主流派の派閥出身者も入っていて，何かあれば，出身派閥のために，「総理おろし」に動くことも厭わない．

　この大臣任命ルールは，大臣と官僚の関係にも影響を及ぼしている．自民党が選挙で大勝すると当選を重ねた大臣候補の議員が列をなすことになるが，国務大臣の数は，法律で限定されている．そこで，内閣改造を行うことで，大臣を頻繁に入れ替えることになり，その結果，大臣の平均在任期間がとても短くなる．省組織のトップに君臨している大臣は，来年の今頃は交代している可能性が高い．官僚たちの意向とは違う考えを持った大臣が就任しても，大臣の指示を先延ばしにして，次の大臣に代わるまで待っていればいいことになる．これでは，大臣が責任をもって自分の担当する組織を運営するという議院内閣制の「大臣責任原則」を貫くことができない．

　以上のように，自民党における「5回当選したら大臣にする」という暗黙の了解が制度として日本の憲法原則を歪め，議院内閣制が想定した統治のスタイルを難しくしている．このように制度と政治の因果関係を分析することができれば，新制度論者として，自民党や社会に向けてこのルールをやめるべきだと提案することも可能となる．

　なお，2023年に発覚した自民党の派閥による政治資金パーティ収入のキックバック問題をきっかけとして，派閥のあり方を見直すため自民党内に「政治刷新本部」が設置され，閣僚人事の派閥推薦制度の廃止が検討されている．

## ⑶　新制度論の可能性と限界

　以上のように，政治学でも，政治過程や政策過程に影響を及ぼす制度を特定して，関係者間の相互作用と制度の関係を解き明かす研究が進められている．もしも，研究者の立場から問題と思われる内容の政策が形成された場合，その問題ある政策を生み出した制度を突き止め，どのように政策過程に悪影響を及ぼしているのかを明らかにし，その制度が変われば，問題ある政策が生み出されなくなるはずだと主張することができる．

　このように新制度論は，多元主義的な政策過程分析が直面する「決定論」を克服する可能性を秘めている．しかし，この理論にも，実は落とし穴があることを指摘しておかなければならない．ひとつ例を挙げて説明してみよう．

　かつて，日本の衆議院議員選挙は，「中選挙区制」というユニークな仕組みで行われていた．この選挙制度では，自民党の候補者が同じ選挙区に複数立候補して議席を争うことになり，同じ党に所属している候補者同士が票を取り合うことから，「利益誘導」「族議員」「派閥」といった自民党政治の悪しき伝統が生み出されていると考えられ，半ば常識化していた．政治学者や政治家の多くは，中選挙区制を小選挙区制に変更すれば，自民党政治を特徴づけてきた問題の多くも解消されると考えていた．

　しかし，1994年に細川政権が公職選挙法の改正を行い，衆議院議員選挙に小選挙区制を中心とする選挙制度を導入したが，利益誘導政治も派閥政治も族議員政治も未だに残っている．つまり，中選挙区制という制度はたしかに自民党政治の特質を生み出した原因のひとつだったのかもしれないが，それ以外にも，政治家と支持団体・有権者の相互作用が生み出した制度が存在し，今の政治に影響を及ぼしているということなのだろう．

　政策過程において，「制度」は，関係アクターたちの認識に働きかけることで機能する．アクターたちの認知に影響する制度は，ひとつではなく，いくつかの制度が互いに作用しながら存在することが多い．

　さらに，ゲーム理論が示唆するように，ゲームのルールとして存在する制度は，プレーヤー間の相互作用の結果でもある．つまりは，ハイエクのいう

「ノモス」に近い形でルールは存在する．その結果が問題なのならば，その
ノモスを「テシス」により変更を加える必要がある．ハイエクは，テシスに
対するノモスの優位性を主張しているが，エビデンスに基づいて問題あるノ
モスに変更を加えるテシス的な政策を通じた合理性の追求が必要となる．

## 4.　国家論の復活と新制度論

　かつて，「政治学＝国家の学問」といっていいほど，国家論は政治学の中
心テーマとして君臨していた．しかし，やがて，アメリカの政治学では，シ
カゴ学派の行動論的な研究が主流となっていく．現代政治学は，伝統的な政
治学を否定するところから始まったこともあって，政治の現実を理解するの
に国家を理解する必要はないという姿勢に固執するところがあった（真渕
1987）．この政治学の潮流から生まれた多元主義に基づく政策過程分析では，
政策は，多様なアクターの相互調整の結果として捉えられ，国家は，相互作
用の結果として現れる政策を受け入れる受動的な存在としてイメージされて
きた（秋吉他 2010）．

　しかし，現実の世界では，福祉国家化が進行し，国家の存在感は急速に高
まっていった．国民の支持を基盤に成立している国民国家には，選挙を通じ
て国民の様々な要求が流れ込み，その一部が政策の形で実現されていくにつ
れ，公共サービスの範囲は，個人の生活のすみずみにまで及ぶようになって
いく．このようにして，次章で解説するように，国家が社会の資源を集め，
政策を形成し実施することで，公共的な問題を解決していく体制がスタン
ダードとみなされるようになっていった．学問の世界の政策過程研究におけ
る「国家の不在」と現実世界の「国家の存在感の高まり」との間の乖離は，
もはや見過ごすことのできない段階にまできていた．

　そのような状況認識が一部の政治学者の間で共有され，1980 年代に入って，
「国家論の復活」がいわれるようになったのは，ある意味必然だった（Scocpol
1985）．たとえば，マルクス主義者たちは，国家を，資本主義体制の維持を

目的とした資本家（ブルジョワ）階級の支配の道具として扱ってきたが，ネ
オマルクス主義者たちは，国家を，資本主義体制を維持する役割は担うもの
の，資本家に従属した存在ではなく，ある程度自律した存在として捉えるよ
うになった．このような政治学における国家論復活の動きもまた，他の社会
科学で始まっていた「新制度論」の大きな潮流の中に位置づけられている．

　様々なタイプの新制度論が出現したことを受けて，これらを分類する作業
も行われるようになった．先ほど紹介した経済学の新制度学派やゲーム理論
は，「合理的選択制度論」，ディマジオらの「組織フィールド論」は，「社会
学的制度論」に分類されている．そして，国家論は通常，「歴史的制度論」
の中に分類されている（Hall & Taylor 1996）．

　真渕勝は，国家を論じる歴史的制度論を，①国家の自律性や能力に焦点を
当て，行為者としての国家が社会からの要求や圧力に抗して政策を立案・実
施する能力に注目する立場，②政治制度が社会集団の活動や政策に影響を及
ぼす側面に注目する立場，③国家の能力を政策ネットワークの関連の中で捉
えようとする立場の 3 つに分けている（真渕 1987）．

　自律性をもったアクターとして国家を捉える①の立場は，多元主義的な政
策過程研究が抱えてきた問題を克服する動きにつながっていく．国家論の復
権を主張する研究者たちは，単に国家を政策過程の中で活動する一アクター
として扱うのではない．国家は，利益団体や市民社会組織とは異なる論理で
行動する自律した主体であり，代議制民主主義の観点から政治的な正統性を
もち，国益の実現という全体利益の実現を志向する特別な存在として描かれ
る．「強い国家」「弱い国家」という表現で，国家の能力により，政策過程全
体が大きく影響を受けることが強調される．

　国家を内部から支える諸制度，国家と社会を結びつける制度などに着目す
る②の立場では，それらの政治制度の存在が政策過程に及ぼす影響がメイン
の研究対象となる．マーチとオルセンの理論で議論されている制度も，この
研究に含まれるだろう．この立場では，国家に関連する制度の中に政策過程
が存在し，相互作用が繰り広げられるという認識に立つ．たとえば，ジェ

ソップ（Bob Jessop）は，政策過程全体を管理する存在として国家を捉えている（Jessop 2016）．国家の管理のもと，政策過程に参加する多様なアクターは，つねに国家の存在を意識しつつ，自己の利益を実現しようと相互作用を繰り広げる．国家は，自律したアクターであるのと同時に，その存在が他のアクターの意識に働きかけるという意味での制度として機能していると考える．このように，国家を制度として扱うことで，ひとつひとつの政策をめぐる過程における相互作用をミクロ的に研究するのではなく，より大きなマクロ的視点で，国家が政策過程全体に及ぼす影響を分析する可能性が生まれる．

　そして，③の立場は，福祉国家化が進行する中で，国家の資源調達能力と問題解決能力に限界がみえてきているという状況認識に立ち，国家との対比において，「ネットワーク」という国家とは異なった制度のもとで存在する政策過程を通じた問題解決の可能性を考察するものである．

　第8章で紹介する「政策ネットワーク論」や第9章で紹介する「ガバナンス・ネットワーク論」は，ネットワークを新制度論でいうところの制度として捉え，ネットワークのありようが政策過程におけるアクターの相互作用に及ぼす影響や，そこで生み出される政策の「質」に与える影響を明らかにすることを目指している．

# 第7章
# 「つながりの政策学」：関係性から考える「役立つ」政治学

## 1.　政策現場に貢献できない政治学

　第5章まで，政策の決定／形成／課題の設定／政策の実施／評価と，政策過程のフェーズごとにどのような研究が行われてきたのかを紹介してきた．しかし，政策過程をフェーズに分けて，それぞれのフェーズに注目する研究と，政策の現場で起きている現実との間にはかなりのズレがある．各フェーズは，相互に浸透し融合しており，フェーズごとに研究してもわかることに限りがある．政策過程の全体図を描く「枠組み」が必要とされる．

　政策形成の理論の章で触れたように，政治学者たちが多元主義的な政策過程研究を通じて明らかにしてきた成果は，政策現場に役に立つものとはなっていない．ひとつの政策過程におけるアクター間の相互作用を詳細に描いても，別の政策が同じ経路をたどるとはかぎらない．つい最近の過去を扱う歴史研究のようであり，研究結果に再現性がなく，政策過程の未来に役立つ知見を提供することができない．この「一般化」問題を克服するのは難しい．

　また，政策過程を研究すればするほど，目の前にある政策の内容は，多様な人間や集団が自分の利益を最大限反映させようと行動した相互作用の結果なのであって，それ以外の内容はあり得なかったという話に落ち着いてしまう．政治学者も，特定の政策をテーマとして選んだ段階で，なんらかの問題意識を抱いていたはずだし，研究を進める中で「こうしたらいいのに」という改善のアイディアを思いつくこともある．しかし，その政治学者も，広い

意味で政策過程に関わっている多様なアクターのひとりに過ぎない．いくら声をあげて発言したところで，政策の改善につながるインパクトを残すことができず，よりよい政策の形成に貢献したいと思う気持ちは満たされない．政治学者はこのような「決定論」問題にも直面している．

　では，ラスウェルが示した政策科学のもうひとつの要素である「政策の内容に直接役立つ研究」という「in の知識」に政治学者が踏み込んでいくのはどうだろうか（Lasswell 1971）．政策の内容を扱おうとする場合，政治学者は，次の2つの問題に直面することになる．

　第1に，政治学者は，政策の内容を具体的に議論するときに必要とされる専門知識をもっていない．科学技術が発達し，社会が複雑化・流動化する中で，有効な政策を生み出すべくその中身を議論するためには，高度な専門知識が不可欠となる．たとえば，原子力の安全管理政策についてコメントしようと思えば，原子力発電の複雑なメカニズムに関する知識，設備の耐久性や耐震性に関する工学的な知識，放射線が人体に及ぼす影響に関する医学的知識など，様々な知識が必要となる．もちろん，政治学者は，そのような知識を何ひとつもっていない．

　第2に，政治学は，政策の内容を検討する際に役に立ちそうな固有の視点をもたない．政策学において似たような立場にある経済学者や法律学者は，政治学者に比べてはるかに政策の現場に役に立つ視点を提供している．たとえば，経済学者は，政策に直接関連する専門知識をもたないが，その政策によって得られる便益と実施に必要なコストを比較する「費用便益分析」という武器をもち，「今検討されている案は他の案よりも費用と効果のバランスがよく効率的である」と主張することができる．つまり，政策過程に効率性の視点をもち込み，判断の基準を示すことができる．同様に，法律学者も，政策に関する専門知識はもちあわせていないが，「今検討されている政策案は法律的には合法で問題がない」と法的な観点から助言することができる．

　経済学者たちは「損－得」，法律学者たちは「合法－違法」という自分たちの学問領域の特性が活かせる判断基準に政策の議論を結びつけて，政策内

容の検討に貢献することができる（Luhman 1995）．しかし，政治学者は，政策の現場に直接役に立つ政治学独自の視点をもちあわせていない．

## 2.　「つながりの政策学」へ

### (1)　政治学における関係性の研究

　では，現実の政策過程に役立つ政治学のアプローチはないのだろうか．政治学の学説史を遡っていけば，政治学は，つねに「関係性」について研究してきたことがわかる．久米郁夫たちは，テーマが果てしなく広がっていく大部の政治学の教科書を執筆するにあたって，政治を「本人」「共通目的」「代理人」という3つの要素に整理し説明することを試みている．「本人」である国民は，国民の利益を実現するという「共通目的」の実現を，政府という「代理人」に付託する．そのような本人－代理人関係から生まれる様々なテーマを政治学では扱ってきたと説明する（久米 2003）．

　政治学でよく議論されている「権力と支配」というテーマは，支配している者と支配されている者の関係性についての研究である．民主主義に関する研究は，支配されている人たちが同時に支配していると思える関係性をどのようにして作るのかという議論である．官僚制の研究は，政治家と官僚の関係性，官僚制内部の上司と部下の関係性，官僚制と国民の関係性の研究だといえる．福祉国家論をはじめとする国家論は，国家と個人の関係性についての研究，国際政治学は，国家と国家の関係性やグローバル社会において国家と国際機関や NGO が構築する関係性についての研究である．

　政治学の本質的な価値は，何かと何かの関係を議論することにある．当然，他の社会科学でも関係性について扱われてきたが，このような関係性に関する政治学の物の見方や研究の蓄積は政策の研究にも役に立つはずである．

　相互作用を通じて形成される関係性は，そこで行動する人や組織に対して，制度として作用する．たとえば，サークルに所属している人がサークル活動をする際には，そこで作られてきたルールや人間関係を判断材料として行動

する．社会学的制度論に位置づけられている「組織フィールド」研究では，政府から受ける規制や情報の共有・学習によって形成される関係性を意識して企業が行動する結果，組織の同型化が進行すると説明されている．業界において企業間に形成される関係性である組織フィールドが制度として組織の同型化をはじめとする企業行動に影響を及ぼしている．

　政策をめぐって形成される関係性についての研究は，政治学が最も得意とするところである．その関係性が，政策の作られるスピードや質にどのような影響を及ぼしているのかを研究すれば，現実の政策過程に役立つ情報を提供することができるはずである．

　たとえば，原子力政策をめぐって，関係者の間に「原子力ムラ」といわれるもたれあいの関係が作られてきた（風間 2015）．第9章で紹介するように，この関係性の中で原子力政策を推進するうちに関係性は強固なものとなり，閉鎖的になっていった．この原子力ムラにおいて形成された「つながり」の強さによって，原子力発電所は絶対に安全だという安全神話が生み出され，不十分な安全対策基準に留まるなど，質の低い原子力政策が生み出されることになった．その結果，あの悲惨な原子力発電所事故が引き起こされたと分析することができる．

### ⑵　関係性を生み出す政策

　政策自体が，そこになんらかの関係性を生み出す面があることにも留意するべきである．たとえば，あらかじめルールを示して，その順守を求め，逸脱したら制裁を加えると伝えることで，政策目的を実現する「規制」という政策手法がある（風間 2008）．道路交通法に基づいて，様々な交通規則が示され，それらに従わないと，違反切符が切られ罰則点がつけられ，免許の停止や取消しの制裁を受ける．運転免許を取り消されたくないので，ドライバーたちは交通規則を守る．このようにして，道路交通法という政策は，交通安全を推進し交通秩序を維持するための手段として機能している．しかし，これと同時に，交通規制は，交通違反を取り締まる側と取り締まられる側に，

社会を二分する．政治学的にいえば，支配者と被支配者という権力関係を生み出す．取り締まりを担当する警察官たちは，常に交通違反を犯す可能性のある存在としてドライバーたちに疑いの目を向ける．ドライバーたちは，警察官の目を気にしながら運転をしている．交通規制をめぐって，警察官とドライバーたちの間には，不信感に基づく緊張関係が生み出される．

　まちづくりや地域振興などの政策では，関係者が信頼し協力しあう必要がある．信頼に基づく関係性を作る「場」には，不信感に基づく緊張関係を生み出す規制という政策手法はそぐわない．検討している政策によって，どのような関係性（制度）が作られる可能性があるのかを，あらかじめ考えておくことで，うまく政策の効果を引き出すことができる．

　以上のように，政治学者に政策の内容に関する研究は期待できないが，政策をめぐって形成される関係性についての研究ならば，現実の政策過程に役に立つ研究ができそうである．政策をめぐって形成される関係性に注目する政策の研究を「関係性の政策学」と呼んできたが（風間 2002b），本書では，「つながりの政策学」ともう少し柔らかい表現で呼ぶことにしよう．

### ⑶　ガバナンス論と「つながりの政策学」

　「つながりの政策学」では，公共的な問題の解決をめぐって，関係者の間に一定の関係性が作られると考える．その関係性の中に政策過程が埋め込まれていて，政策過程に関わる多様なアクターの相互作用は，新制度論で論じられている制度としての関係性に影響を受ける．そのように政策過程を捉えている点において，「つながりの政策学」は，新制度論の系譜に属しているといえる．

　では，公共的な問題の解決をめぐって，どのような「つながり」が作られているのだろうか．政治学では，「公共的な問題の解決パターン」を「ガバナンス（governance）」という言葉で表現している．通常，ガバナンスは，「ヒエラルキー」「市場」「ネットワーク」という3つのパターンに分類されることが多い．そのパターンによって，アクターのつながり方が異なってい

る.

第1に,「ヒエラルキー」によるガバナンスは,国家を中心に軍事力・警察力や法的な権限に基づき,公共的な問題を解決するパターンである (Scharpf 1997). 政府アクターと民間アクターは,強制力を背景にして政策を展開する側と政策の対象集団というヒエラルキー的な上下関係をベースにつながっている.

第2に,「市場」によるガバナンスは,財をめぐってアクター同士が行う取引の集積によって公共的な問題が解決されるパターンである. 自由競争市場では,常に合理化のインセンティブが働く. 市場において,各主体は,自分のニーズを最大限満たそうとする消費者ないし生産者として対等に交渉し取引する存在である. 自己の欲求の充足を目的とした消費活動・生産活動をめぐる取引関係の集積が合理化や技術革新をもたらし,結果的に公共的な問題の解決につながる.

しかし,たとえば,国防のような公共財については,対価を負担した者に限定してサービスを提供する「消費の排除」を行うことが難しい (Musgrave & Musgrave 1989). 対価を支払っても支払わなくても同じサービスが受けられるのならば「ただ乗り」する方が合理的である. 皆がフリーライダーになると,公共財の提供に必要な資金を調達することができなくなる. その他にも「市場ではできないこと」という意味での様々な「市場の失敗」が指摘され,市場への政府のヒエラルキー的介入が正当化されることになる.

第3に,「ネットワーク」である. 金子郁容は,ネットワークを,固有の意思と主体性のある「ユニット」がそれぞれの自由意思で自主的に参加したまとまりであり,ユニット相互が違いを主張しながらも,何らかの相互依存関係をもちながら結びつき,関係の中で意味と価値を作り出すことを可能にするシステムであると定義している (金子 1986). 政治家や官僚などの政府アクターと多様な民間アクターがネットワークを形成し,ネットワークにおけるアクター間の水平的な調整ゲームを通じて,政策を生み出し実施することで公共的な問題を解決していく. アクター間のつながりの強さについては

ネットワークの性質によって異なるが，上下関係ではなく水平的な関係にある点が重要である．

　以下，ヒエラルキーとネットワークによる課題解決について，より詳しく解説していく．

## 3.　ヒエラルキーによる問題解決とその限界

### ⑴　ヒエラルキーによる問題解決

　多元主義的な政策過程理解とは異なり，われわれの多くは，政府が政策課題を設定し政策を形成／決定／実施／評価すると考えている．近代国家において，政府が強制力を背景とした命令－服従関係を使って展開するガバナンスのパターンを，政治学では「ヒエラルキーによる問題解決」と呼ぶ (Scharpf 1997, 図7-1)．

　社会には政策を展開する際に必要とされる様々な資源が存在する．これを「政策資源」という．その資源をいったん国や自治体の政府に集める．たとえば，税金などを課すことによって政策に必要な資金を集める．公務員採用試験により，政策を形成し実施するための優秀な人材を集める．また，政府は一般人が入手できない様々な情報を集めている．

　そして，政府は「権限」という資源も集めている．権限とは，法律や条例などによって，一般市民には認められない行為を国家公務員や自治体職員には認める根拠となるものを意味する．たとえば，警察官は，拳銃を携行する権限を法令で認められているが，一般市民が拳銃を保持していたら銃刀法違反で逮捕されてしまう．あるいは，NGOが動物実験を疑う化粧品メーカーの施設に踏み込んだら家宅侵入罪で逮捕されるが，行政職員が手続きを踏んで，施設の査察を行うことは法律上の権限に基づく正当な行為として認められている．このように，国家公務員や自治体職員には，一般人には認められないことを行う権限が法令によって認められている．

　なぜ，政府にこのような政策資源が集められているのかというと，政策資

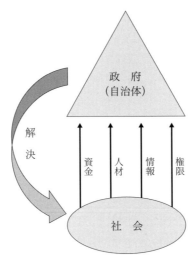

出典：筆者作成.

**図 7-1　ヒエラルキーによる問題解決**

源を政府に託し，その資源を使って社会で発生する様々な問題を解決しても
らうためである．この政府による問題解決メカニズムは，「近代」という時
代が生み出した最大の発明品といってもいいだろう．かつては，身の回りで
発生した問題を自分たちで力をあわせて解決しなければならなかったが，今
は，税金を納入し，選挙会場に足を運んで投票し，政府に公共的な問題の解
決を付託するだけでよい．わたしたちは，政府に任せることで公共的な問題
から解放され，その時間を仕事や趣味などのプライベートな時間に充てるこ
とができる．政府が政策を作り実施するというヒエラルキーによる問題解決
スタイルを前提にして日々の生活を営んでいる．

## ⑵　規制という政策手法の効率性

　政府が他の政策主体との比較において優位に立つのは，政府のみが「規
制」という政策手法を採用することができるからである．政策手法の一類型
としての規制は，「法的な根拠を前提にルールや基準を設け，政策の対象集

団を監視し，逸脱行為には制裁を加える可能性を示すことで，ルールや基準を強制的に守らせることで政策目的を実現する手法」を意味する．

　たとえば，ある製品の生産過程で公害が発生するなど，市場の外側に「不経済問題」が発生するケースを考えてみよう．市場において競争関係にある生産者たちは，自分だけが公害防止のための設備投資を行えば市場で不利になることはわかっているので，投資に踏み切れず公害は進行していってしまう．この種の外部不経済問題については，市場からの内発的な解決を望むことはできない．この典型的な「市場の失敗」に対して，政府は，環境基準を設け，基準を守らない事業者に対して等しく制裁を加える「規制」を行う．事業者は，公害防止にかかるコストと制裁を受けることに伴うコストを天秤にかけ，基準を満たすべく設備投資を行う．その結果，市場の外部に出現した公害という不経済問題が解決に導かれる．

　この規制という政策手法は，政策投資コストという点からみると，他の政策手法に比べて際立って効率的である．たとえば，公害問題を解決するために，公害の発生を防止する設備を導入する事業者に対して費用の一部を補助する政策を行ったとする．この政策では，外部不経済の解決に必要とされるコストの一部について，政府が直接支出し負担していることになる．そのために必要な予算は税金から調達しなければならない．

　しかし，規制の場合，政府は，環境基準を設定し制裁を行う規制の構造を作っておけば，あとは基準を示しそれを守るようにとメッセージを出すだけでよい．直接，公害防止のためのコストを負担するのは，規制を受ける事業者である．各事業者はコストの一部を価格に上乗せし，他の事業者との競争や消費者との関係の中で，新たな均衡が成立し，価格が設定され，価格上昇分については，消費者にも負担してもらうことになる．このようにして，外部不経済を解決するための投資コストは，事業者に転嫁され，やがて消費者に転嫁されることで，市場に内部化されるのである．

　このような規制が可能なのは，規制を政府が行っているからである．政府は，「代議制」と「官僚制」という近代国家を支える2つの重要な装置を備

えているからこそ，規制を有効な形で実施することができるのである．

　代議制によって，法律が制定されることで，規制を行う政府に，基準を設ける権限や制裁を行う権限が用意される．規制では，規制の対象となる集団は，コストを引き受けることになるので，できれば基準を守りたくないと考えている．なぜ従うのかというと，その規制行為が，自分たちの代表者である議員たちが審議した結果成立した法律に基づいているからである．法治国家で生活するわたしたちには，いかに法律の内容に不満があっても，議会で決められた以上は守らなければならないという遵法意識がある．このように，代議制の存在によって規制を受ける側に納得感が生み出されている．

　規制においては制裁が用意されるが，法治国家においては刑事罰を課したり不利益処分を行ったりする際には法律上の根拠が求められる．法律学では「罪刑法定主義」というが，それを可能にするのも代議制である．

　また，官僚制も，規制を機能させるために必要な存在である．規制対象者は，常に規制から逃れたいと思っている．かりに，誰も監視を行っておらず，基準を守っているかどうかがわからない状況であれば，最も合理的な行動は，基準を守らないという選択である．監視が甘くなるほど基準からの逸脱行動を引き起こしやすくなり，「モラルハザード」が発生する．そこで，官僚制の組織を動員して，全国に監視のネットワークを張りめぐらせ，基準を守らない者がいれば，必ず見つけられ罰せられる状況を作っておく必要がある．さらに，違反者を探索し捕まえるための警察力も官僚制から調達される．

　規制という政策手法が効果を発揮するためには，法的権限を調達する代議制と，組織資源を調達する官僚制が必要不可欠である．裏を返せば，国家のみが，規制を機能させるための代議制と官僚制という2つのメカニズムを用意することができるがゆえに，この最も効率的な政策手法を活用することができるのである．

　ヒエラルキーによる解決は，ガバナンスのパターンの中で最も効率的である．コースが指摘したように，ヒエラルキー的な命令服従関係の中にアクター間の「つながり」を配置することで，交渉に伴う取引費用を大幅に減ら

すことができるからである（Scharpf 1997）．

　しかし，規制を中心とした政府によるヒエラルキー的解決では，現代社会の直面する複雑な課題に対応することが難しくなってきている．この問題解決スタイルの限界は様々な角度から論じられてきたが，ここでは，次の 3 点を挙げておきたい．

### ⑶　グローバル・イシューの解決

　第 1 に，ヒエラルキーによる問題解決は，グローバルなレベルで発生する問題を有効に解決することができない．政府は，国民国家において存在し，ヒエラルキー関係は国内で完結する．それぞれの国の中で，有権者たちは選挙を通じて勝利者に政府の運営を委ねている．政府の管轄範囲は，原則として国境線に囲まれた領土の中に限定される．主権国家体制では，国境を越えて他国で起こっている問題に介入するのは，内政干渉にあたるとされる．

　しかし，地球温暖化／金融危機／テロ／難民／感染症の流行など，現代的な課題の多くは，容易に国境を越えていく．この種のグローバル・イシューは，第 1 章で紹介した「共有地の悲劇」の性格をもっている．個々の羊飼いの合理的判断が，牧草地という共有地を荒れ果てさせ全体利益を損なう．この問題のひとつの解決法は，牧草地に所有権を設定し，共有地であることを諦めることである．でも，もし共有地であるという性格を変更せずにこの問題に対応したいと思うのならば，放牧のルールを共同で作り，羊飼いの行動を制約するしかない（Hardin 1968）．

　グローバルな社会において，環境問題をはじめとする「共有地の悲劇」を克服するためには，「国際制度」を構築し，協力して共同のルールを作る必要がある（山本 2008）．しかし，グローバルな利益と国益は，往々にして対立する．国際制度の中で，国家は，自分たちの行動を制約するようなルールを受け入れることが求められる．たとえば，地球の温暖化を解決するためには，各国が自国の予算を使って政策投資を行い，二酸化炭素を排出する化石系燃料の使用をゼロに近づけるゼロエミッション政策を展開し，途上国には

資金や技術の移転を積極的に行う必要がある．地球温暖化対策を進めることは，自国民に負担を強いることを意味する．

　もしも，政府が国益をないがしろにして，もっぱらグローバルな利益を優先しようとするならば，国内の有権者たちは反発するだろう．そして，自分たちの生活を守ることを約束する野党に投票し政権を交代させようとする．そのことを十分認識している各国の政権担当者は，グローバルな利益を意識しつつも，有権者に対して国益を実現してみせなければならない．このことがグローバル・イシューの合理的な解決を難しくしてしまう．

### ⑷　福祉国家化と慢性的な財政赤字

　もうひとつの問題は，政府と有権者の関係から生み出される財政赤字の構造から逃れることが難しいという点である．先進国といわれる国々は，高度経済成長を経験している．経済が成長している間は，国民の所得が増加し税の自然増収が見込める．増えた税収を活用して，国民に向けて様々なサービスを提供することができるが，どの国もいずれ低成長のステージに入る．経済の成長が望めない段階に入っても，国民は，依然として政府に様々な問題の解決を期待し，国民の要求は際限なく拡大していく．これが，「ゆりかごから墓場まで」国民の生活を支える「福祉国家」の姿である．国民の果てしない欲望は，選挙というチャンネルを通じて，政府に流れ込んでいく．

　政治家たちは，国民の期待に応えるだけのサービスを提供するためには，増税など国民負担を増やす必要があることを知っている．しかし，政党は，選挙において，他の政党との間で票の獲得競争を演じており，国民に公共サービスの充実は約束するが，資金を賄うための増税を言い出すことができない．政府は，国債を発行することになり，そのツケは将来世代に回される．選挙というチャンネルで結びつく政治家と国民の関係からは，財政赤字を解消する力が生まれにくい．

　このシナリオは日本固有の現象ではなく，程度の差はあれ，どの先進国も直面している．政府に資源を集中してヒエラルキー的関係の中で社会の問題

を解決するという構造からは，財政収支のバランスをとる方向に転換する力
を生み出すことは難しく，将来世代に負担をかけることになってしまう．

### ⑸　自律性の喪失

　そもそも資源をいかに集めたとしても，社会で発生するあらゆる問題を政
府が単独で解決することはできない．1995 年の阪神・淡路大震災が起こる
まで，多くの日本人は，大きな災害が起こった時には，政府が様々な面で生
活をサポートしてくれると信じていた．しかし，実際には，政府が被災者に
してあげられることは限られていた．原則として災害によって失われた所得
の保障は行われず，ローン返済中の家が全壊しても，返済を続けながら自力
で家を建て直さなければならなかった．

　阪神・淡路大震災の後，防災政策の世界では，自助／共助／公助が強調さ
れるようになった．災害発生後，最初の 48 時間は，自分の身は自分で守る．
これが自助である．自分の力では対応できない時には，地域コミュニティで
支えあう．これが共助である．共助でも対応できない部分について，自治体
や国がサポートする．これが公助である．政府や自治体に何から何まで頼る
のではなく，自分たちの力や地域の力で解決することが求められる．防災以
外にも，まちづくりや地域の活性化など，様々な政策領域において自助や共
助の重要性が強調されるようになった．

　しかし，国民の多くは，社会が直面する問題を解決するのは政府であり，
自分たちではないと考えている．国民は，政府が国民にサービスを提供する
存在であり，自分たちはサービスを受ける存在だと思い込んでいる．しかし，
現実には，政府や自治体ができることには限界があり，政府に頼らず自分た
ちで考え行動することで問題を解決しなければならないケースは多々ある．
児童虐待や高齢者の孤立から SDGs の推進まで，社会が直面している問題の
多くは，政府が解決すべき他人事ではなく，自分たちが主体的に解決すべき
問題である．自分たちの問題であると自覚して解決に取り組む自律した姿勢
は，命令－服従関係を基礎とするヒエラルキー的な関係からは生み出せない．

## 4. ネットワークによる問題解決とその限界

### ⑴ 政府ではないガバナンス

　政府を通じてのヒエラルキー的な解決が直面している様々な限界を認識した政治学者たちが最近注目しているのが，「ガバナンス論」である．「ガバナンス」という言葉は，今や政治学のみならず，社会科学におけるキーワードとなっている．

　もしも，すべての公共的な問題が政府を通じて解決されるのならば，「ガバナンス」という言葉は必要なく，「ガバメント」という言葉でこと足りる．ガバナンスという言葉は，ヒエラルキーによる問題解決に限界を感じ，それ以外の方法（without government）はないのかを考えるときにもち出される（Rosenau 1992）．ジェソップ（Bob Jessop）は，ヒエラルキー以外のガバナンスのモードとして，交換が行われる市場の力を活用する方法（exchange），NPO/NGO や企業などの民間組織と国や自治体などがネットワークを作り協働する方法（network），人間関係をベースに連帯して課題に取り組む方法

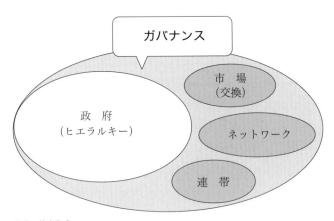

出典：筆者作成．

**図 7-2　ジェソップのガバナンス・モード**

（solidarity）を挙げている（Jessop 2016）．その中で，最も注目されているのが，ネットワークによる解決であり，多くの研究者が「ガバナンス」という言葉を使用する時には，ネットワークをイメージしている（図7-2）．

　ネットワークによる問題解決とは，①問題解決に必要な資源をもつ個人や集団が，官民の枠を越えて，②資源を政府に委ねるのではなく自主的にもち寄って，③上下関係ではなく水平的な関係の中で解決策を検討していくスタイルである．ネットワークに参加する民間のアクターたちは，サービスを受ける側であるのと同時に他者にサービスを提供する存在である．

### (2)　安心・安全なまちづくりネットワークの実践

　抽象的に説明してもわかりにくいと思うので，「安心・安全なまちづくり」を例にとって，ネットワークによる問題解決とはどのようなものなのかを説明してみたい（図7-3）．

　ある地域が，様々な危険に子どもたちがさらされているという問題認識をもち，安心・安全なまちづくりを進めたいと考えたとしよう．ヒエラルキーによる解決を考えるならば，税金を使って警察官をたくさん雇用し，制服を身にまとった警察官に街中をパトロールしてもらえば，安心安全なまちになるのかもしれない．しかし，これは現実的ではないし，警察官に監視されて

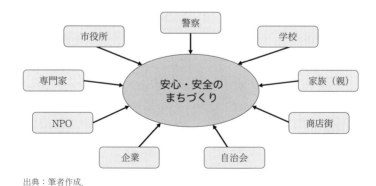

出典：筆者作成．

図 7-3　ネットワークによる問題解決

いる社会は窮屈である．そこで，安心・安全なまちづくりにとって必要な資源を保有している人や組織をつなげるネットワークを作ることを考える．

市役所や警察や学校といった公的な機関は，安心・安全なまちづくりを進めるのに必要な資源をもっている．たとえば，市役所は，まちづくりに必要な資金を助成金の形で提供することができる．警察は，パトロールにより犯罪を予防し，犯罪が発生したら犯人を突き止める捜査権限をもっている．学校は，教室での教育によって，生徒たちが危険な目に遭わないための知識を提供することができる．

しかし，公的な機関の資源だけでは，地域の子どもたちに安全・安心を提供することは難しい．それ以外にも，たとえば，家庭では，子どもに「知らない人に声をかけられてもついていってはいけない」と教え，防犯アプリをインストールさせ，防犯グッズを買い与えることができる．商店街は，近所の子どもが知らない大人と歩いていたら必ず声をかけるようにすることで，犯罪に走ろうと考えている人に顔をみられたことを意識させ，犯行を思いとどまらせる．電信柱や店先に防犯カメラを設置し，その映像を捜査機関に提供する．防犯カメラで撮影されているかもしれないということを犯罪者予備軍に意識させるだけで，犯罪の抑止となる．自治会や町内会は，住民を集めてワークショップを開催して防犯マップを作成し，街灯の光が届かず通りから死角になっていて痴漢被害のリスクの高い場所や子どもが道に飛び出して交通事故が発生しやすい場所を特定していく．

また，犯罪心理学の「割れ窓理論」に基づいて防犯運動を展開している地域もある（ケリング＆コールズ 2004）．殺人や強盗などの凶悪犯罪が多発する地域では，たいてい壁に落書きがされていて，窓も割れたまま放置されている．住民が立ち上がり，落書きをきれいに消して回る．当初は，再び落書きされるが，繰り返しているうちに，しだいに落書きが減っていく．綺麗な壁に落書きをするのは気が引けるし，そのエリアは住民が目を光らせているというメッセージにもなっているからである．落書きが減ると，軽犯罪の減少につながり，やがて凶悪犯罪も減少していく．実際，1980 年代後半，割れ

窓理論に基づき，ニューヨーク市では，地下鉄の車内やホームの照明を明るくし，落書きを消していき，自警団が見回りをする体制を作った結果，凶悪犯罪の減少に成功したといわれる．日本でも，地域住民が集まって，落書きを消していく「ビューティフル・ウィンドウズ運動」が展開されている．

　また，企業は，子どもの安全を見守るアプリを開発したり，地域活動に参加したり，話しあう場所を提供したりすることができる．NPO は，防犯マップづくりの際に，住民が和気あいあいと意見を交換するワークショップを運営したり，他地域の先進事例を紹介したりすることができる．

### (3)　ネットワーク構築の難しさ

　以上のように，ネットワークによる問題解決では，必要な資源をもつ人や組織をネットワークにひきつけ，相互に結びつけ，水平的な「つながり」を通じて解決を図っていく．次章で紹介するように，様々な政策領域や地域において，大小様々なネットワークが自然発生的に形成されている．しかし，具体的な問題に直面し，その解決を目指して意図的にネットワークを構築しようとすると，ヒエラルキーによる解決とは違った意味で困難に直面する．

　第1に，民間の主体は，ネットワークに参加するか否かを自由に判断することができるという点である．出入りが自由であることがネットワークの本質であり，ヒエラルキーのように強制的に税金を集めたり，権限に基づいて参加を強制したりすることはできない．有効なネットワークを構築しようと思えば，関係者が自発的に参加し貢献しようと思う何かを用意しなければならない．バーナード（Chester I. Barnard）は，個人が組織に参加し自ら進んで貢献しようと考えるようになるためには，金銭だけでなく，人間関係や名誉といった「誘因（inducement）」が必要であると論じた（Barnard 1956）．ネットワークも同様である．

　安心・安全なまちづくりの例でいえば，親たちは，これに参加すれば子どもたちの安全が守れるという確信が得られること，商店街は，まちのイメージが高まり賑わうこと，自治会は，住民のつながりが強まり，コミュニティ

が活性化すること，企業は，できれば利益につながり，それが難しくても企業イメージが高まることなどが誘因となる．実現したい価値をミッションに掲げて活動しているNPOの多くは，自分たちが大切だと考える価値を分かちあいたいと考えており，それを他の参加者に伝える機会がネットワークにコミットする誘因となる．

　このように，問題の解決に必要な資源をもつ主体がネットワークに期待することは様々である．多様な利益と価値観をもつ主体を同じ問題の解決に向かわせるために，それぞれ誘因を用意しなければならないのである．

　第2に，ネットワークの「形」が無限にあるという点が，ネットワーク構築の難しさにつながっている．たとえば，力のあるNPOが活動している都市部においては，彼らがネットワークで中心的な役割を果たすかもしれない．農村部では，いまだ地域コミュニティが力をもっていて，自治会を中心にネットワークを作る必要があるかもしれない．場合によっては，自治体が中心的な役割を果たさなければならないかもしれない．このように，同じテーマに取り組む場合でも，地域によってネットワークの形は異なる．

　また，同じ地域においても，取り組む課題によって，ネットワークに関わる人や組織が異なる．安心・安全なまちづくりといっても，防犯に取り組む場合，防災に取り組む場合，交通安全に取り組む場合では，ネットワークの参加者もネットワークの形も異なってくる．

　以上のように，ネットワークに理想の形があるわけではなく，地域の事情やテーマにあった「つながり」の形を当事者が試行錯誤しながら模索していかなければならない．その地域に精通し愛着をもち，扱うテーマについてよく理解している人がいなければ，機能するネットワークを構築することはできないだろう．

　ネットワーク的な「つながり」を通じて地域課題を解決するスタイルを政治学では「ローカル・ガバナンス」という（野田 2021: 17）．同様に，グローバルなレベルの問題を解決する「グローバル・ガバナンス」，国レベルの問題を解決する「ナショナル・ガバナンス」も，ネットワーク的な関係性を作

り，これを前章で扱った「制度」として機能させていくスタイルである．

　政治学では，公共的な問題の解決に向けて，どのようなネットワークが作られていて，ネットワークがどのような役割を果たしているのかに関する研究が進められている．公共的な問題に取り組むために官民の様々な主体が形成する水平的な関係性を，「政策ネットワーク」あるいは「ガバナンス・ネットワーク」という．政策ネットワークやガバナンス・ネットワークは，政策過程全体，つまり政策課題の設定から政策評価に至るすべてのフェーズをカバーし，そこで展開されるアクター間の相互作用に影響を及ぼす．

　ネットワークのメカニズムを解き明かし，ネットワークをよりよく機能させる戦略を提示することができれば，政治学における政策過程研究に新たな地平を拓くことができるだろう．

# 第**8**章

# 政策ネットワーク論

## 1. 政策ネットワークとは何か

前章では，公共的な問題を有効に解決する持続可能なネットワークを意図的に形成する難しさについて説明した．しかし，実態としてみれば，ほとんどの政策領域に，政府や自治体といった政府アクターと，利益団体やNPOなどの民間アクターとの間に大小様々なネットワークがすでに作られている．政策領域において作られている「つながり」を突き止め，それが政策の内容や過程に及ぼす影響を研究するアプローチを「政策ネットワーク（policy network）」論という．

政策ネットワーク論は，1980年代以降，アメリカやヨーロッパを中心に盛んに取り組まれてきた研究アプローチで，海外の学術雑誌をみると，今もたくさんの研究成果が報告されている．

政策ネットワークには様々な定義があり，ファン・ワールデン（Frans van Waarden）などは，11の根本的に異なった定義が存在するとしている（van Waarden 1992）．その中で本書での問題意識に近いのは，ケニス（Patrick Kenis）とシュナイダー（Volker Schneider）による「意思決定，計画の形成・実施の能力が官民のアクターに広範に分散している状況における政治的資源の動員メカニズム」という定義である（Kenis & Schneider 1991: 41）．ベルツェル（Tanja A. Börzel）は，政策ネットワークの性質をもう少し詳細に定義に組み込み，「非ヒエラルキー的で相互依存的な性質をもち，多様なアク

ターを結びつける比較的安定した一連の関係であり，アクターたちは，ある政策に関して共通の利害を共有し，共通の目標を達成するには協力することが最善の方法だと認識して，共通の利益を追求すべく資源を交換するもの」であると説明している（Börzel 1998: 254）．これらの定義を少しアレンジして，ここでは，政策ネットワークを「ある政策領域において，アクターが官民の枠を越えて自主的に資源をもち寄り，問題を解決していく関係性」と捉えておこう（風間 1999）．

政策ネットワークを研究する人たちには共通してみられる「世界観」がある．

第1に，国家と社会は，完全に分離しているのではなく，つながっていると考えている（片岡 1976）．通常，国家と社会の領域は分離して存在し，別の論理に支配されていると理解されている．社会は，人間が自由に活動する私的な領域であり，そこには市場や家庭が存在する．国家は，政府が権力を生み出し行使する領域である．政策ネットワーク論者は，そのような「国家と社会の二元論」をとらない．たとえば，カッツェンシュタイン（Peter J. Katzenstein）は，政策ネットワークを「ある国における国家と社会のパターン化された相互関係」と定義している（Katzenstein 1977）．相互作用する国家と社会の間（あいだ）に存在し，両者をつなげているものが政策ネットワークだと捉えている．

第2に，公共的な問題の解決に必要な政策資源が様々な人や集団に分散して存在していて，政府に集中していないと考えている．ヒエラルキーによる問題解決スタイルをとろうと思っても，政府が集めている資源では不十分である．足らない分については，様々な人や組織の保有する資源に頼らざるを得ない．他方，民間の主体も，政府や他の民間主体が保有している資源に頼らないと，自分たちの目的を実現することはできない．このような状況を「相互依存関係」という．この世界観は，政策ネットワークを「資源の依存関係によって結びつけられた組織の集合体」と定義するベンソン（J. Kenneth Benson）に明確に現れている（Benson 1975）．

　国家と社会の境界線が薄れていき，ひとつの権力センターに資源を集中することができない状況では，公共的な問題を解決するのに必要な資源をもつ官民のアクターを結びつける関係性が必要となる．前章で説明したように，官民のアクター間の上下関係を前提とする国家中心のヒエラルキーによる問題解決に代わる，対等で水平的な関係を前提としたネットワークタイプの問題解決スタイルが出現している．そういう認識のもとで，政策ネットワークの研究が進められている．

　それ以外に政策ネットワーク論の特徴をあげるとすれば，次の 3 点である．

　第 1 に，政策ネットワーク論は，対象とする政策の分析単位をミクロレベルではなく「メゾレベル」に置く（Daugbjerg & Marsh 1998）．政策ネットワーク論に基づく研究では，多元主義的な政策過程研究のように，ある特定の政策問題の解決プロセスを追跡して，どの主体がどのように影響力を及ぼしたのかを記述するミクロ的な分析はあまり行わない．環境政策，あるいはその下位政策である地球温暖化防止政策やリサイクル政策といった「政策領域」を対象に，そこで形成されているネットワークの構造と機能を明らかにすることを目的としている．

　第 2 に，政策ネットワーク論は，「修正された多元主義」の立場をとる．ネットワークのタイプによっては，閉鎖性が強くネットワークの内と外を隔てる境界が明確なものもあるが，一部の集団だけが権力を独占すると考えるエリート主義はとらない．ネットワークに関わるアクターは多様であり，利害も完全には一致しておらず，ネットワークによって参加するアクターの構成は異なると考えている．

　第 3 に，政策ネットワークを「制度」として捉えている．通常は，政策ネットワークの中で，政策が形成され実施される政策過程がいくつも並行して動いている．各アクターの行動は，ネットワークで形成された関係性やルールに影響を受ける．したがって，ネットワークの構造が変化すれば，アクターの行動も影響を受け，アクター間の相互作用も変わり，相互作用の結果生み出される政策も変わると考える．

　以下，政治学が政策ネットワーク論に行き着くまでの理論の系譜を追って
みたい．

## 2.　政策コミュニティ論とイシュー・ネットワーク論

### ⑴　リプレーとフランクリンの下位政府論

　政策ネットワーク論に最も影響を及ぼしている理論のひとつに，アメリカ
を中心に研究されてきた「政策コミュニティ（policy community）」論がある．
この理論のルーツは，リプレー（Randall B. Riplay）とフランクリン（Grace
A. Franklin）の「下位政府（sub-government）」論にあるといわれている
(Ripley & Franklin 1984)．

　リプレーとフランクリンは，下位政府を「一定の政策領域において，ほと
んど定型的な決定を有効に行う個人の集まり」と定義している．わたしたち
が日常目にしている政府は，アメリカでいえば，大統領を頂点とし，長官を
はじめとする公職についている人たちで構成されている．この集団が政策を
決定していると思われているが，そのような政府の下に，国民の目には直接
触れることのない「下位政府」が存在するとリプレーたちは主張する．上院
と下院の議員団のリーダーたち，彼らをサポートする議会のスタッフ，連邦
機関の幹部職員，そして，その政策に深く関係する利益団体の人たちが下位
政府を構成している．彼らは，様々な会合で顔を合わせ，連絡を取りあい，
日常的に発生する問題の対応について方針を決めている．

　この理解は，第2章で紹介した「エリート主義」だと受け取られるかもし
れない．たしかに，限られた固定メンバーが下位政府を構成し，政策を決定
していると考える点では，エリート主義の要素も見受けられる．しかし，政
策領域ごとに下位政府の構成メンバーが大きく違う点に留意するべきであろ
う．農業政策関連の下位政府とエネルギー政策関連の下位政府では，構成メ
ンバーが全く異なる．下位政府論では，エリート論で想定するよりも，多数
の政治家／官僚／利益団体などが国の政策決定に関わっていることになる．

## ⑵　「鉄の三角形」論

　リプレーとフランクリンが下位政府として論じた集団は，一般的には「政策コミュニティ」と呼ばれている（Börzel 1998）．各政策領域において，コミュニティのように密接な関係が作られていることを意味する．政策コミュニティに参加する人や集団は，通常3つの主要アクターで構成されている．アメリカの連邦政府を例にとると，①連邦機関の幹部職員たち（官僚），②上院・下院の各委員会を取りしきる連邦議会のリーダーたち，③各政策分野に関連する有力な利益団体の代表者たちの三者である．

　3つの主要アクターたちは，各政策領域の行政／議会／民間を代表して，政策コミュニティを形成している．互いに顔見知りで，日常的に連絡を取りあい，親密な関係を築いている．それ以外の人がコミュニティに参入しようとしても安定した関係の維持を望むメンバーたちから拒否される，このような排他的な三者関係はとても強固で，「鉄の三角形（iron triangle）」と呼ばれることもある．

　もちろん，政策領域によっては，三者ではない場合もある．原子力政策をめぐって作られている政策コミュニティである「原子力ムラ」は，経済産業省や文部科学省の官僚，自民党の「電力族」といわれる族議員，電気事業連合会という電力会社が加盟している利益団体の三者に加えて，東芝／日立／三菱重工などの原子力関連のメーカー，東京大学系の原子力関連技術の研究者，立地自治体の政治家を主要メンバーとして構成される「鉄の六面体」を作っていると捉えることもできる（吉岡 2011a）．

　政策コミュニティの中では，日常的に政策が構想され見直されている．特に，民間の利益団体が政策の形成に関わっていると考えている点が重要である．民間の利益団体は，その領域において，政策の対象であるのと同時に，政策を作り決定するプロセスに関与する主体でもある．

　アメリカの研究者が中心となって担ってきた政策コミュニティ研究では，それぞれの政策領域において，どのような人や集団がコミュニティを構成しているのか，コミュニティの存在が実際の政策過程にどのような影響を及ぼ

しているのかを分析する．たいていの研究では，そのネガティブな側面が強調されることが多く，何か新しい政策を展開しようとしても，自分たちの利益を優先し良好な関係性を壊したくない政策コミュニティが政策を阻止しようとする「拒否権プレーヤー」として描かれる．

### ⑶　ヘクロのイシュー・ネットワーク

　以上のような議論を前提としつつも，ヘクロ（Hugh Heclo）は，新しい発想が求められる重要な争点については，政策コミュニティの中で解決が図られるのではなく，「イシュー・ネットワーク（issue network）」が形成されると論じている（Heclo 1994）．政策コミュニティの中では処理できない重要な問題については，様々な連邦機関の職員，より広い範囲の連邦議会議員とそのスタッフ，利益団体とその利益を実現するために議員たちと交渉するロビイスト，その分野の専門家，ジャーナリストなど多数のアクターが争点をめぐる議論に関わってくる．このような関係性をヘクロはイシュー・ネットワークと呼ぶ．アクターの中には，イシュー・ネットワークにずっと留まらずに出ていってしまう人もいるし，途中からネットワークに参入してくる人もいる．

　たとえば，新型コロナウィルスの感染症対策をめぐって作られていた関係性は，典型的なイシュー・ネットワークである．厚生労働省の官僚・自民党の厚生労働族・日本医師会などが構成している「医療政策コミュニティ」では，到底この問題に対応することができなかった．感染拡大によって発生する多様な争点に対応するため，様々な人や集団が争点を議論する場に入ってきては出ていくイシュー・ネットワークが形成されていたのである．

　ヘクロによると，このような出入りの激しいネットワークでは，政策コミュニティのように親密で安定した関係ではなく，顔も知らない者同士が様々な視点から意見を述べあう緩やかな関係が作られている．そこでの活発なコミュニケーションを通じて新しい政策アイディアが生み出されるという．

## 3.　政策実施論から生まれた政策ネットワーク論

### (1)　政策実施を通じたネットワーク形成

　もうひとつ，政策ネットワーク論の系譜に位置づけられる重要な理論が，政策実施のボトムアップ・アプローチである．このタイプの政策ネットワークについては，第 4 章の政策実施の理論のところで少し触れた．アメリカとは異なり，ドイツやオランダの政策ネットワーク論は，政策実施研究の延長線上で展開されてきた（原田 1996）．当初，政策実施研究は，政府の決定した政策が現場で意図通り実施されているか否かを研究するトップダウン・アプローチが主流だったが，やがて担当職員／組織と対象集団との間で繰り広げられる相互作用，そこで形成される関係性に関心が移っていった．

　政策実施の現場では，担当職員／組織が一方的に対象集団を従わせているのではなく，曖昧な部分が残り解釈の余地のある政策をめぐって，両者間のコミュニケーションを通じて解釈が共有されていると考える（Yanow 2000）．対象集団もまた，一方的に服従を強いられる存在ではなく，政策の解釈をめぐって現場職員と相互作用を繰り広げる存在であり，実施担当職員／組織と対象集団との間に自然発生的に「解釈コミュニティ」という「つながり」が形成される．政策実施過程を通じて形成される関係性のあり方が，「制度」として，その政策領域における問題解決能力を決定づける．

　政策実施研究を経て発展してきた政策ネットワーク論では，ステークホルダーの間で作られる関係性の問題解決能力が問われることになる（原田 1996: 152）．そして，問題解決能力という点において，資源が社会に分散している状況においては，政府によるヒエラルキー的な問題解決よりも，ネットワークによる水平的な関係を前提としたダイナミックな展開の方が優位に立つと主張される（Kenis & Schneider 1991）．

### (2) 政策コミュニティ論との違い

政策コミュニティと政策実施を通じて形成されるネットワークの相違点はどこにあるのだろうか.

2つのネットワークは,ヒエラルキー的な関係ではなく,水平的な調整を行う関係である点では共通している.また,官民のアクターによって構成され,国家と社会を結びつけるものでもある.そして,政策コミュニティにおいても,利益団体は,その政策領域における政策の実施対象である場合が多い.たとえば,農業政策コミュニティを構成する民間アクターの農協関連団体は,農業政策の対象でもある.医療政策コミュニティのメンバーである日本医師会は,医療政策の対象である病院や医師の団体である.

しかし,政策コミュニティ論では,政策形成・決定の段階において官民の限られたアクターで構成されるネットワークが重要な役割を果たすと主張しているが,政策を実施する段階では,実施担当者／組織と対象集団との間には,依然としてヒエラルキー的な命令服従関係が存在することが想定されている.

一方,政策実施研究ルーツの政策ネットワーク論では,政策過程全体にわたって影響を及ぼす関係性の存在が問題となる.したがって,政策ネットワークには,すべてのステークホルダーが包摂され,ネットワークの境界はあまり問題とされない (Börzel 2002: 260).政策コミュニティでは,新規参入者は,構成メンバーたちが入れたくなければ拒否されてしまうが,政策実施を通じて形成されるネットワークは,自然発生的に形成され,政策実施に関わる人や集団が広くネットワークを構成することになる.

## 4. ローズの政策ネットワーク論

### (1) 資源論

政策ネットワーク概念を使って本格的に政策過程を分析した研究者の中で最も大きな影響を与えているのが,ローズ (Roderick A. W. Rhodes) である.

イギリスにおける国と地方政府の関係を扱った初期の代表作『ウェストミンスターとホワイトホールを超えて』(*Beyond Westminster and Whitehall*) の内容を中心に，彼の研究を紹介しておく (Rhodes 1988)．

　イギリスは，アメリカのような連邦制ではなく，単一国家であり，中央政府が地方を一方的に支配していると考えられてきた．このような捉え方を，英国議会がウェストミンスターにあることにちなみ「ウェストミンスターモデル」という．しかし，ローズはこの常識に挑戦し，地方政府は，中央政府と対等に渡りあっていると主張する．

　ローズは，「資源」概念を用いて，国と地方が資源の面で相互依存関係にあることを示し，その主張の根拠にしている．ローズは，資源として次の5つのものを挙げている．第1に，権限である．憲法や法律などに基づいて，公共部門に認められている強制力を含む権力を意味する．第2に，資金である．税金・サービス料金・債権などによって集められる．第3に，政治的正統性である．公的な意思決定にアクセスする資格や選挙を通じて国民の支持を調達する能力を意味する．たとえば，議員たちは，法律を審議する場である議会に参加する資格をもっている．国務大臣は，内閣の正式な意思決定を行う閣議に参加することが認められている．第4に，情報である．これは，データを保有し，その収集・提供を決める能力を意味する．第5に，組織である．ローズによると，人員／技術／土地／建物／設備／装備など，仲介者を通さず直接行為する能力を保有していることを意味する．

　この5つの資源には，政治学でいう「権力資源」の側面と，問題解決のために使われる「政策資源」の側面がある．権力資源としてみると，質の高い資源を多く保有する個人や組織は，他のアクターに対して有利に振る舞うことができ，自己の目的を達成する可能性が高まる．政策資源からみると，政策に役立つ資源を保有するアクターを集め，資源を動員することができれば，それだけ有効な政策を形成し問題を解決する能力が高まる．

　国と地方の関係でいえば，たしかに，中央政府は，法的権限や資金の面で地方政府を圧倒している．「議会主権」の国イギリスでは，議会による立法

によって中央政府に様々な権限が与えられている．税金はいったん国に納められ，地方に配分される部分が大きい．このように考えると，国が地方を支配しているようにみえる．しかし，選挙で選ばれた地方議員は，政治的正統性を備える存在であり，地方政府は，政策の展開に不可欠な地元に関する詳細な情報を保有している．そしてなによりも，政策の実施に必要とされる組織資源を保持している．イギリスと同じ単一国家である日本の例でいえば，新型コロナウィルスの感染拡大に伴う助成金の給付事務について，国の組織資源は乏しく都道府県や市町村の職員たちに頼らざるをえないのである．

ローズによれば，中央政府と地方政府は，このように資源において相互依存関係にあり，権限や資金に関しては中央政府よりも少ない資源しか保有していない地方政府も，組織や情報といった資源をカードに使いながら，水平的な調整ゲームを行っているという．

### (2) 政策ネットワークの類型

国と地方は，資源を依存しあっている．しかし，資源が分散している先は，国と地方の政府に限定されるわけではない．中央・地方政府は，民間の主体との間でも資源の相互依存関係を基礎にした「政策ネットワーク」を作っている．

ローズは，一貫して「国家の空洞化（hollowing out the state）」を主張しており，イギリス社会において，多様な政策ネットワークの存在が国家機能の後退による「秩序の不在」を補っているという（Rhodes 1997: Chap.5）．ローズは，政策ネットワークを「資源の相互依存関係によって互いに結びつき，しかし他とは区別される組織の複合体（complex），あるいは資源依存構造の分断がみられる複合体の集合」と定義している（Rhodes 1988: 77）．

ローズは，政策ネットワークを，次の6つのタイプに分類している．

第1に，「政策コミュニティ」である．これは，アメリカで議論されてきた政策コミュニティと同じ捉え方である．政策領域ごとに，官僚と政治家と利益団体などを中心に密接な関係が作られている．第2に，「領域コミュニ

ティ（territorial community)」である．これは，スコットランド／ウェール
ズ／北アイルランドなど，各地域ごとの利益を結びつけるネットワークであ
る．第3に，「政府間ネットワーク（intergovernmental network)」である．
ローズが意味するのは，日本でいえば，全国知事会／全国市長会／全国町村
会のような，地方政府を結びつける全国レベルのネットワークである．第4
に，「専門家のネットワーク（professionalized network)」である．たとえば，
医師や看護師／図書館司書／弁護士／税理士など，多様なプロフェッション
のネットワークが作られている．第5に，「生産者ネットワーク（producer
network)」である．同じ系列の生産者や同じ業種の生産者が形成する．経済
的な利益を追求する点が他のネットワークと異なっている．第6に，「イ
シュー・ネットワーク」で，これはヘクロが論じていたものと同じで，ある
特定の争点をめぐって多様なアクターが出入りする緩やかなネットワークで
ある．

　ローズがこの6類型を発表すると，厳しい批判を浴びることになった．こ
の類型分けは，ネットワーク構造に着目した類型（関係が密接な政策コミュ
ニティと緩やかなイシュー・ネットワーク），共有されている利益に着目し
た類型（専門家ネットワークや生産者ネットワーク），統治のレベルを基礎
とした類型（領域コミュニティと政府間ネットワーク）と，類型の基準が全
く異なるネットワークが混在している点で問題があった．

　後にローズは，マーシュ（David Marsh）との共同論文において，政策ネッ
トワークを政策コミュニティとイシュー・ネットワークの2タイプに分類す
る（Rhodes & Marsh 1992)．政策コミュニティは，参加者の範囲が限定され，
排他的で，メンバーの出入りが少なく，メンバーの間では価値観が共有され，
相互作用の頻度が高いネットワークである．イシュー・ネットワークは，参
加者の範囲は限定されず，メンバーの出入りも頻繁に行われ，メンバーの価
値観は多様で，メンバー間のコミュニケーションが希薄なネットワークであ
る．

　この2つのタイプの政策ネットワークがスペクトラム（帯）の両端に位置

しており，実際の政策ネットワークは，この2タイプのネットワークの間のどこかに存在するという．この2つの類型は，ある政策ネットワークが政策コミュニティに近い性質をもつか，イシュー・ネットワークに近い性質をもつかといった尺度に使われる．

ローズは，社会を統合する国家の力が衰えていく中で，政策ネットワークが重層的に形成され国家とは違った形で社会を結びつけるようなガバナンス体制が出現すると考えている．彼にとっては，国の統治システムの構造変化を描くことが重要であり，個別具体的に政策ネットワークを取り上げて分析する作業に熱心とはいえなかった．しかし，ローズ以降，ヨーロッパを中心に，様々な政策領域において，どのようなタイプの政策ネットワークが制度として存在し，政策過程に影響を及ぼしているのかについて研究する多様な分析モデルが開発され，豊富な研究業績が生み出されている．

## 5. 防災政策をめぐるネットワークの研究

### (1) 防災政策ネットワークの分析枠組み

ここでは，政策ネットワークの研究がどのように行われるのかについて，具体的なイメージをもってもらうため，防災政策をめぐるネットワークを分析した研究を紹介する（風間2003）．

1995年1月17日未明に発生した阪神・淡路大震災では，6000人以上が亡くなり，多くの人の生活基盤が失われた．震災発生当時，これは予測不能の未曾有の「天災」だとする見解もあったが，この事態を招いたのは，明らかに「防災政策の失敗」である．

なぜ，当時世界第2位のGDPを誇っていた先進国日本が，このような防災政策の失敗を招いてしまったのかを考察するために，政策ネットワークの分析枠組みを使うことにした．この枠組みは，第1章で紹介したアリソンの概念レンズであり，事実を収集・整理し「なぜ」を説明するツールである．

まず，本章の冒頭で示したように，政策ネットワークを「ある政策領域に

おいて，アクターが官民の枠を越えて自主的に資源をもち寄って問題を解決する関係性」と定義した．防災政策ネットワークに関わるアクターは，単独では自分たちの目的を実現することができず，資源の相互依存関係にあると考えている．

　資源には，二重の意味がある．各アクターにとって，資源は自分たちの目的を実現すべくネットワークに参加するための「入場券」であり，ネットワーク内で有利に調整ゲームを進めるための「カード」である．つまり，政治学でいうところの「権力資源」である．同時に，政策ネットワークにとっては，公共的な問題の解決を図るための「政策資源」でもある．ネットワークは，有力な資源を保有するアクターを取り込み，その資源を使って政策を形成・実施することで機能する．

　分析の際に設定した資源は，ローズの分類とほぼ同じであるが，2点修正している．第1に，前述のローズは，政治的正統性を資源として挙げていたが，ここでは「正統性」の意味を拡大した．正統性とは，簡単に言ってしまえば，「私の意見＝みんなの利益」と主張する力である．正統性は，自分が選挙で選ばれた存在であり多数の意見を代弁していると「代表性」を主張することで調達することができる．政治家は，選挙に基づく代表性によって正統性を獲得する．また，自分は選挙で選ばれた存在ではないが，合理的に考えて私の意見はみんなの利益につながるはずだと「合理性」を根拠に正統性を調達することもできる．科学者などは，合理性から正統性資源を獲得する．

　もうひとつの修正は，「人材」という資源を加えた点である．人材とは，資源を効果的・戦略的に利用する個人の能力をいう．政策ネットワークの中にあって，たとえ法的権限／組織／資金などの豊富な資源を保有していても，リーダーシップや専門能力，経験知を備えた人材がいなければ，資源を効果的に活用することはできない．

　以上の修正を加えたうえで，防災政策ネットワークにおいて質の高い政策が形成・実施されるためには，次の2つの条件が満たされなければならないという仮説を立てた．1つは，防災政策の展開に必要な資源をもったアク

ターをネットワークにひきつけることである．もう1つは，ネットワーク内の政策過程に各アクターが保有する資源を有効な形で動員することである．

　このような分析モデルを使って，阪神・淡路大震災の時点で，防災関連のアクターたちがどのような関係性を作っており，そのネットワークがなぜ機能不全を起こしたのかを考察した．

### (2)　防災政策ネットワークの形成

　多くの政策ネットワークは，自然発生的に形成される．防災政策についても，明治時代以降，災害救助や災害復興を通じて，関係者の間に緩やかな「つながり」が作られてきたが，1962年に制定された「災害対策基本法」の成立により，意図的に関係機関の間の「つながり」が構築され，各アクターの関係性が規定された点に特殊性がある（風間2002a）．

　災害対策基本法の制定が政策課題に設定される直接のきっかけとなったのは，1959年9月に甚大な被害をもたらした「伊勢湾台風」である．台風の被害は，21都道府県，570市区町村に及び，死者・行方不明者5000人以上，住家の全壊流出5万戸，床上浸水12万戸以上にのぼった．

　伊勢湾台風の災害対応において，災害救助法／水防法／消防法／警察官職務執行法／自衛隊法などが調整されないまま運用されたことが問題視された（林1959）．また，復旧・復興関連の予算は，災害が起こるたびに特別立法を制定することで確保されてきたが，全国知事会は，その都度発揮される政治力によって予算規模が大きく左右されることに不満をもち，恒久的な法律の制定を求めた．

　災害対策基本法は，当時省に昇格したばかりの自治省が中心となり，各省庁との間でタフな折衝を重ねながら内容が詰められていった．法案は，1961年5月26日に国会に提出され，そこでも激しい議論が交わされたが，同年10月31日に成立した．

　政府は，当初イメージしていたヒエラルキーによる問題解決スタイルを貫くことができず，ネットワークの志向性が強い防災体制に落ちついた．そう

なった背景には，次の 3 点があると考えられる．

　第 1 に，当時の時代の空気と池田勇人内閣の基本姿勢が影響した．法案が検討された時期は，国論を二分した「60 年安保」の熱い政治の時代がいったん終息をみた直後だった．前政権の岸信介内閣が日米安全保障条約の改訂をめぐる混乱の責任をとって総辞職したあとに発足したのが池田内閣で，「所得倍増計画」を打ち出すなど，経済重視の路線にシフトしたところだった．国民の警戒心が再燃するような国家中心の強権的な防災体制を推し進める空気ではなかった．

　第 2 に，国が防災関連の権限を集中管理することができない状況にあった．たとえば，応急対応段階で国が自治体に対して一方的に命令権を行使するのは，「地方自治の本旨」を定めた憲法 92 条に抵触するおそれがあった．国は自衛隊という組織資源をもっていたが，自衛隊は災害救助が本務ではなく，災害現場で救助を行うのは，第一義的には市町村の機関である消防組織とされていた．

　第 3 に，国レベルで「たてわり行政」が定着化してきていた．1960 年代は，戦後の行政組織の再編成がひと段落し，省庁の権益意識が強まっていった時期だった．自治省は，当初「防災庁」の設置を構想に盛り込んでいたが，他の省庁の強い反発にあい，取り下げざるをえず，省庁間の法的権限や予算配分に極力変更を加えないことを前提に調整が進められた．

　このような制約の中で，「ヒエラルキー」とは反対方向の「ネットワーク」のベクトルを強めることで，社会に分散する資源を集める緩やかな関係を考える必要があった．それが試みられた形跡を災害対策基本法によって確立された防災体制の中にみることができる．

　災害対策基本法は，大臣を中心に構成される「中央防災会議」が策定する「防災基本計画」を頂点に，各省庁が策定する「防災業務計画」，都道府県・市町村が策定する「地域防災計画」というように「計画のヒエラルキー」を作ることで防災活動の総合化を実現しようとしている．しかし，当時の防災基本計画は，大まかな基本方針を簡単に示したものにすぎず，具体策は，各

省庁の防災業務計画や自治体の地域防災計画に委ねられていた．原則市町村が災害対応の責任を負い，それが難しい場合には都道府県，最後に国という積み上げ式を基本コンセプトとして，防災体制が構想されていた．

また，防災計画に基づく関係は，国－自治体の関係で完結させず，放送／通信／電気／ガスなど公共性の高い業務を行う民間事業者にも「防災業務計画」の策定を義務づけている．各省庁の防災業務計画や自治体の地域防災計画の中にも，業界団体や地域団体などが果たす役割を位置づけることが期待されていた．各種防災計画を経由して，防災体制が民間の主体にもネットワーク状に広がっていく構想が打ち出されていたのである．

### ⑶　防災政策ネットワークの構造

災害対策基本法をきっかけとして「防災政策ネットワーク」が形成され，そこでの相互作用によって，防災関連の様々な政策が生み出されていった．防災活動の展開に際して必要とされる政策資源を有する官民のアクターは，広い範囲に及ぶ．これらのアクターは，雑然とネットワークに関わり相互作用を繰り広げていたわけではなく，内部に次のような「構造」を観察することができる（風間 2003）．

ネットワークの中心部には「核ネットワーク」が存在する．このネットワークは，防災政策の展開を直接任務とする主体と主体の「つながり」である．たとえば，阪神・淡路大震災の時点では，国土庁防災局・自治省消防庁－都道府県の防災担当部局－市町村の防災担当部局／消防機関は，防災を直接の目的として設置された機関であり，これらが核ネットワークを構成していた．この核ネットワークが中心となって，防災に必要な政策が形成されることが期待されている．

しかし，核ネットワークだけでは，満足に防災政策を展開することはできない．細部にわたり災害予防計画を策定する能力も，災害発生時に救助活動を展開する能力も，復興プロセスにおいて経済的な支援を行う能力ももたない．核ネットワークは，防災政策を形成し実施していくのに必要な資源を

「既存の政策コミュニティ」に依存している.

　既存の政策コミュニティの多くは,国の省庁の所管業務ごとに形成されている.たとえば,国土交通省では,道路整備／河川管理／都市計画／住宅／建築規制／緊急輸送／気象情報の伝達などをめぐって,官民のアクターの「つながり」が形成されている.また,厚生労働省を中心に,医療／福祉／保健衛生／廃棄物処理などの領域で政策コミュニティが形成されている.

　重要なのは,既存の政策コミュニティにとって,防災に関連する問題の解決は,彼らが取り組む数多くのテーマのひとつにすぎないという点である.たとえば,「災害医療」は,厚生労働省／厚生労働族の議員／日本医師会を中心に形成されている「医療政策コミュニティ」が扱う課題の中でもマイナーなテーマである.「災害に強いまちづくり」は,国土交通省／建設族議員／日本建設業連合会／土木学会などの専門家集団を中心に形成されている「都市計画コミュニティ」が扱う様々な「まちづくり」の範疇のひとつにすぎない.防災政策の推進に必要な政策資源の多くは,まずこのような政策コミュニティの中に蓄積されているが,各コミュニティにおいて防災に関連するテーマに取り組むアクターだけが防災政策に関心をもっている状況だった.

　以上をまとめると,日本の防災政策ネットワークには,防災政策の推進を第一義的な目的とする「核ネットワーク」と,防災政策に関連して様々な政策領域に形成されている「既存の政策コミュニティ」が存在し,その相互作用によってひとつひとつの政策が生み出されている.

### ⑷　防災政策ネットワークの機能不全

　では,このような構造をもった日本の防災政策ネットワークは,阪神・淡路大震災の時点でどのような問題を抱えていたのだろうか(風間 2003).

　第 1 に,防災政策にとって重要な資源をもっているアクターをネットワークに取り込めていなかった.

　たとえば,自衛隊は,緊急対応を行うための様々な装備をもっている.自衛隊員たちは,人材として日々組織的に行動する訓練を受けていて,災害救

助の経験も豊富である．しかし，自衛隊側は，国防を担うことに誇りをもち，防災機関と認知されることに抵抗があったといわれる．震災当時，原則知事の要請がなければ自衛隊は出動しないルールになっており，混乱のなか，兵庫県知事の登庁が遅れたことで，迅速に出動することができなかった．自衛隊という豊富な組織資源と人材をもつ組織をネットワークの中に取り込めていなかったのである．

　ボランティアやNPOなどの市民社会組織もネットワークの中に位置づけられていなかった．発災直後より，被災者を支援しようと全国からボランティアが集まってきたが，彼らの善意の力を被災者の支援に生かすことができなかった．国際NGOについても，政府は彼らをサポートするよりも，資格の有無や責任の所在にこだわり，その活動を限定する方向で動いた．

　地域コミュニティは，過酷な状況の中で，地域で支えあい生活を再建するのに不可欠な存在だったはずだが，仮設住宅の入居において，コミュニティの「つながり」に配慮しない形で入居先が決められたため，被災者たちは孤独な闘いを強いられた．

　震災前，神戸市の地域防災計画の策定に関わった専門家は，この地域に震度7以上の地震が起こる可能性があることを指摘していたが，それでは耐震性の高いインフラ施設を用意する必要がありコストがかかりすぎると反発にあい，震度5の地震を想定した対策しか策定されなかった．専門家の提供する科学的な知見よりも行政上の都合の方が優先されていたのである．

　正統性の資源をもち込むはずの政治家も，ネットワークに関わることに消極的だった．地元が被災したときには，復興予算を獲得するべく積極的に活動するが，いつ起こるかわからない災害を対象に被害がなかった事実でしか有権者にその効果を示すことができない防災関連施設の整備に情熱を傾ける政治家は少なく，防災族議員は少数しかいなかった．

　第2に，防災政策ネットワークに配置された「既存の政策コミュニティ」は，その中に，各アクターの資源を閉じ込めてしまっていた．

　各コミュニティにとっては最重要課題とはいえない防災要素を引っ張りだ

して組みあわせないと，高いレベルの防災体制を実現することはできない．防災政策を直接目的とする組織で構成された「核ネットワーク」は，組織間のつながりが希薄で，各政策コミュニティに分散している防災関連の権限を調整して，国全体として防災体制を充実させる方向に力を結集させることができなかった．

　地域の防災も似たような状況だった．震災当時は，都道府県にも市町村にも，防災の専門的な知識をもった職員が配置されておらず，多くの場合，総務部門の職員が他の業務と兼務する形で地域防災計画の策定を担当していた．自治体レベルで，政策領域を越えて防災活動を有機的に結びつけたいと考えても，各政策コミュニティの中心にある省と省の間で調整がつかないと実現することができなかった．その結果，地域防災計画は，各政策コミュニティの内部で検討された対策が総花的に並べられた形だけものになってしまっていて，災害時にも参照されることはあまりなかった．

　以上のように，防災政策ネットワークの構造が「制度」として，防災政策の形成や実施の過程に影響を及ぼし，「政策の失敗」を引き起こしたことがわかる．

　このような政策ネットワークの分析結果を踏まえて，①ネットワークの開放性を高め，より積極的に防災能力の向上に有効な資源を持つ官民のアクターを取り込むこと，②国レベルにおいて，各省に分散している防災に関する権限を調整する力をもった組織を作り，地方において，危機管理を主要業務とする組織を置き，専門性の高い人材を配置すること，③核ネットワークを構成する国レベルの防災組織と都道府県・市町村の防災組織の「つながり」を強めること，④全国市町村の消防職員と国の消防庁のネットワークのように，専門性の高い防災関連知識を共有する専門家のネットワークを育てていくことなど，具体的な提案をすることができる．

<h1 style="text-align:center">第**9**章</h1>

<h1 style="text-align:center">ガバナンス・ネットワーク論</h1>

## 1. ガバナンス・ネットワークとは何か

### ⑴ 政策ネットワーク論からガバナンス・ネットワーク論へ

1980年代後半以降，欧米諸国において，政策ネットワーク研究が盛んに行われてきたが，最近，ネットワーク研究者の多くが「政策ネットワーク」という言葉ではなく「ガバナンス・ネットワーク（governance network）」という言葉を使うようになってきている（Blanco & Prachett 2011）．その背景には，次のような事情がある．

第1に，第7章で説明したように，「ガバナンス」という言葉が社会科学の広範な分野で流行していることが影響している．政府を通じたヒエラルキー的な問題の解決が限界に直面しているという認識が強まり，不透明で流動化する社会にあったガバナンスのスタイルが模索されてきた（堀 2017）．その中で，ヒエラルキーや市場とは違ったネットワークタイプの問題解決スタイルに注目が集まった．もともと国家や政府中心の政策過程に焦点を当てる研究に批判的であった政策ネットワークの研究者たちは，かなり早い段階で「ガバナンス」という言葉に惹かれ，ガバナンス研究の中に自分たちを位置づけようと考えた．

第2に，政策ネットワーク研究における関心対象の変化がある．当初，他のガバナンス形態との比較やそこでのアクター間の関係性に関する研究が中心だったが，ネットワークの存在は当然の前提として，その成功（失敗）の

原因を突き止め，どのようにすればネットワークを有効に機能させられるのかについての研究に重心が移ってきていた．その変化を的確に表現するために，別の言葉が必要とされたのである（Sørensen & Torfing 2007）．

第3に，政策ネットワーク論は，政策領域ごとに形成される「つながり」に注目するが，たとえば，感染症対策やSDGsの推進のように，現代的な政策課題には，特定の政策領域に限定されず，境界を越えて政策領域間の関係を調整することで解決を図る必要があるものが多い．特定の政策領域に限定されない関係性を扱う場合，「ガバナンス・ネットワーク」という言葉を使用した方が現実をよりよく表現できるという認識が広まった．

## ⑵　ガバナンス・ネットワークの定義

政策ネットワーク概念と同様，ガバナンス・ネットワーク概念についても様々な定義が行われている．個人的には，政策ネットワークとガバナンス・ネットワークの間に本質的な違いはないと考えているので，「ある政策領域において，アクターが官民の枠を越えて自主的に資源をもち寄り，問題を解決していく関係性」という政策ネットワークの定義の「ある政策領域において」を「ある公共的な問題をめぐって」に置き換えればいいのではないかと考えている．

いずれにしても，ガバナンス・ネットワークは，「ガバナンス」と「ネットワーク」という2つの概念を対等に結びつけた言葉であることには留意するべきである．この点を踏まえると，ある研究対象をガバナンス・ネットワークとして分析するには，以下の条件が満たされる必要がある（風間2021）．

第1に，「ネットワーク」の性質を備えていなければならない．これには，2つの意味がある．ひとつめは，特定可能な程度に安定した関係性が維持されていることである．ネットワークを分析対象としてみた場合，ある程度安定したパターンが観察される必要がある．不安定で消滅と出現を繰り返していたり，その構造がアメーバのように絶えず変化したりするような関係性は，

ネットワークとして研究対象とすることは難しい．

　もうひとつは，アクターには自律性が認められ，水平的な関係の中で戦略的なゲームが繰り広げられていることである．金子郁容がネットワークを「固有の意思と主体性のあるユニットがそれぞれの自由意思で自主的に参加したまとまり」と定義したように（金子1986），ネットワークにおいて，資源の相互依存関係にあるアクターたちは，参加の判断や行動の選択について一定の自律性をもって戦略的に判断する余地が認められている必要がある．

　第2に，「ガバナンス」という言葉を使用することにも，2つの意味が込められている．ひとつめは，政府の内部や，国と地方の行政機関の関係の中で完結するのならばガバナンスという言葉を使う必要はなく，ガバメントという言葉でこと足りる．ガバナンスという言葉を使う以上，民間アクターがネットワークに関わっている状態が観察される必要がある．

　一方で，そのネットワークは，政府（ガバメント）と同様，公共的な問題を解決するというガバニングを目的として形成・維持されているので，有効性の観点から社会的な評価に付される．ネットワークに参加する個々のアクターの利益が実現されても，社会から期待されるガバニングが有効な形で実現されていなければ，そのネットワークは機能していないとみなされる．

　以上のように，ガバナンス・ネットワークは，ネットワークとしての「構造」とガバナンスとしての「機能」の両方が求められる存在であるといえる．

## 2.　ネットワークの失敗とメタガバナンス

### (1)　ネットワークの失敗

公共政策論の入り口の議論として「市場の失敗」がいわれる．①市場は，取引を通じて費用を負担する人だけに財やサービスを提供することを前提に成立しているが，そのような関係が成立しない「公共財」が存在する．②市場の外側に公害などの「外部不経済」が発生した時に，市場を通じて解決することは難しい．③高度な技術を活用して生産される商品など，生産者が知

識の上で消費者に対し優位に立ち情報の非対称関係が存在しているため対等な取引関係が成立しない．④市場において，「規模の経済」が働き，独占や寡占が進行し，自由競争に基づく市場の健全性が失われる．⑤麻薬や児童ポルノなど倫理的な観点から望ましくない財が取引されてしまう．このように，市場の力に委ねていたのでは，必要な財が提供されず，発生した問題を解決することができないという意味での市場の「失敗」が存在する．

　市場の失敗を根拠に，政府を通じた公共的な問題の解決スタイルである「ヒエラルキー」が正当づけられる．市場とちがって，ヒエラルキーのメカニズムでは，財やサービスの負担者と受益者の間に対応関係が成立していない．一般的に，税の負担額は，受けるサービスの量や質ではなく，所得や消費といった別の要素によって決められ，強制的に徴収される．また，政府から提供されるサービスも支払った税額とは別の論理で，その量や質が決定される．

　しかし，第7章で説明したように，「ヒエラルキーの失敗」もある．政府が強制的な力を背景に展開するヒエラルキー的な手法の及ぶ範囲は原則として国境内に限られ，グローバルな問題の解決に用いることはできない．政府と有権者をつなぐ選挙というチャンネルを通じて，国民の要求は際限なく国家に流れこみ，政府の役割は拡大して福祉国家化が進み，赤字財政は拡大していく．その一方で市民の自律した姿勢は失われていく．

　公共的な問題には，市場やヒエラルキーを通じては解決することができないものが存在する．その種の問題を解決するアプローチとして，今「ネットワーク」というガバナンスのスタイルが注目されている．

　ところが，このネットワークもまた失敗する可能性があることが，ガバナンスの理論研究や実践の現場を通じて明らかになっている（新川 2004）．たとえば，ネットワークの中で関係者が相互作用を繰り返していると，そこから自然発生的に様々なルールが生み出され，制度化が進み，相互作用のダイナミックさが損なわれていく．政策コミュニティのように強固な関係が築かれ新規参入者を拒むようになると，新しい知識や技術，独創的な発想を取り

込むことができなくなり，環境の変化に適応した政策を生み出せなくなっていく．あるいは，ネットワーク内で発生した対立を解決することができず，各アクターが全体の利益のために資源を提供することを拒むようになる．ネットワークが関係者の利益を実現するための「利益コミュニティ」に堕落し，問題解決能力を発揮することができなくなる．

### (2)　メタガバナンスの役割

　このような「ネットワークの失敗」をあらかじめ防止し，失敗を認識したときには，そこから回復する仕組みを考える必要がある．これをガバナンス・ネットワーク論では，「メタガバナンス（meta-governance）」という（新川2016）．メタガバナンスは，言ってみれば，ネットワークタイプの「ガバナンスをガバナンスする」ことを意味する（Sørensen & Torfing 2009）．

　メタガバナンスには，大きく分けて，ネットワークを制度化するベクトルと脱制度化するベクトルの2つの方向性がある．

　まず，ネットワーク内のアクターの相互作用が期待されたガバニングにつながるように，基本ルールを定め，役割分担を明確にし，対立をコントロールする「制度化」の方向がある．メタガバナンスというとき，通常イメージされるのが，こちらである．特定の公共的な問題に取り組むため，必要な資源をもっているアクターに呼びかけ，ネットワークを立ち上げる．アクターたちが安心してネットワークの中で相互作用を行うことができるように，守るべき基本ルールを定め，意見を交わす「場」を設定し，合理的な議論が行えるように信頼性の高い情報を用意する．紛争が起こったときには対立を解消し，違反行為があったときには制裁を加える仕組みを合意しておく．これらはすべて制度化の方向のメタガバナンスである．

　しかし，ネットワークでの相互作用を通じて公式・非公式のルールが形成されアクターの判断や行為ががんじがらめになることのないように「脱制度化」するメタガバナンスも同様に重要である．凝集性の強いネットワークよりも，「つながり」の弱い緩やかなネットワークの方が機能するケースが

多いことは，社会学などでよく指摘されている（Granovetter 1973）．安定の方向に向かうネットワークに新規参入者を受け入れることで，複雑系理論でいうところの「揺らぎ」をもたらし，相互作用に刺激を与える（Kickert & Koppenjan 1997）．ネットワークにおいて，アクターが戦略的に意思決定を行う自由な余地を作り，新しいアイディアを提案しやすい状況を用意しておく．このように，過度な制度化を防ぐことで，ネットワークのダイナミズムを維持する活動を展開する．

　現実世界のメタガバナンスでは，制度化と脱制度化，コントロールと自由のバランスをとることになる．

### ⑶　メタガバナンスの担い手

　ガバナンス・ネットワーク論では，誰がメタガバナンスの役割を担うのかについての議論が行われている．

　多くのガバナンス研究者は，国や自治体の公務員や政治家などの政府アクターがメタガバナンスの役割を担うイメージをもっている．

　民間のアクターは，自分たちの利益の拡大や目的の実現を考えて，ネットワークに参加してくる．相互作用を繰り広げているうちに，参加アクターたちは，自分の利益を優先するようになり，公共的な問題を解決するというガバナンス・ネットワークに期待されている本来の役割を忘れてしまう．

　ネットワークに関わるアクターの中で，政治家や官僚はもともと社会全体の利益を考えて行動することが求められる存在であり，ネットワークの失敗を防止し，機能不全に陥った時にはリカバーする方向に行動することで，メタガバナーの役割を果たすことが期待できる．現実に，「まちづくり」や高齢者支援といったローカル・ガバナンスの現場において，ネットワークを立ち上げ，機能不全に陥った場合に現状打開のために動くのは，自治体職員であることが多い．

　他方，ガバナンス・ネットワークの性質によっては，NPOなどの市民社会組織や企業などの民間営利組織もメタガバナンスを担う可能性がある．

NPO は，理念の実現や公共的な問題の解決をビジョンに掲げ，彼らなりのアプローチで解決しようとする社会性を持った団体である．また，民間企業も「企業の社会的責任（Corporate Social Responsibility: CSR）」の推進が求められるなか，芸術振興を支える「企業メセナ」や環境教育／キャリア教育などに熱心に取り組むところが増えてきている．この種の民間アクターは，問題を単独では解決することができないので，他のアクターと連携するために，ネットワークを作り，あるいは既存のネットワークに関与する．次章で触れるように，この種の「アソシエーション」とそのネットワークは，ガバナンス・ネットワーク全体を機能させる潜在的な力をもっている．

　ルールが集積した官僚制組織の中でキャリアを重ねてきた行政関係者には，ルールを作る制度化方向のメタガバナンスを担当することは期待できるかもしれない．しかし，あえてネットワーク内に「揺らぎ」を作る脱制度化ベクトルでのメタガバナンスを求めるのは難しいだろう．実践の場においても，ネットワークが何か新しいことに乗り出そうとするときに，前例主義に縛られた行政関係者が冷や水をかけることはよく知られている．

　ガバナンス・ネットワーク論では，メタガバナンスの担い手として，ネットワークの管理を担う「ネットワーク運営組織」を設置することが提案されている（Provan & Kenis 2007）．ネットワーク内の相互作用には直接関与せず，その外側から，ネットワークの調整や維持を図る仕組を組み込むことで，メタガバナンスを機能させるという考えである．

## 3.　原子力政策をめぐるガバナンス・ネットワークの研究

### ⑴　原子力ムラとガバナンス・ネットワークの失敗

　ここでは，ガバナンス・ネットワークの分析枠組みを使って，原子力政策をめぐるネットワークである「原子力ムラ」に関して研究した事例を紹介しよう（風間 2015）．

　2011 年 3 月の東日本大震災のときに発生した津波を原因とする東京電力

福島第一原子力発電所の事故は，計り知れない被害をもたらした．大量の放射能が大気中や海洋に放出され，いまだに居住地域に帰還できない被災者もいる．事故現場においては，安全に発電所を解体するのに50年もの歳月が必要だといわれている．

　原子力エネルギーを利用した発電メカニズムが危険なことは誰の目にも明らかで，だからこそ，最高レベルの安全管理対策を講じる必要があったはずだが，結果的に致命的な事故を起こしてしまった．「原子力政策の失敗」である．事故の責任はどこにあるのか，事故後に犯人探しが行われ，その過程でクローズアップされたのが，「原子力ムラ」の存在である．

　原子力ムラは，原子力政策を展開する中で関係者の間に形成されたガバナンス・ネットワークである．構成メンバーをどの範囲まで含めるのかについては研究者によって異なるが，一般的には，経済産業省や文部科学省の官僚，原子力族・電力族といわれる自民党の議員たち，それから日本の9つの大手電力会社と彼らを構成メンバーとする電気事業連合会という利益団体，日立／東芝／三菱重工といった原子力発電のプラントを提供するメーカー，東京大学を中心とする原子力関連の研究機関の科学者たちを含めることが多い．

　この原子力ムラというガバナンス・ネットワークが，いつの間にか，原子力政策を適切な形で展開することよりも，自分たちの利益やそこで形成されてきた関係の維持を目的とする「利益コミュニティ」に変質してしまい，質の高い原子力関連政策を形成し実施するというネットワーク本来の役割を果たすことができなくなっていた．その果てに引き起こされたのが，福島第一原子力発電所の事故だった．

　たとえば，今から千年以上も前の869年の「貞観地震」の際に，福島県の沿岸部に巨大津波が襲ったという地質学的な形跡があることを指摘した論文が，事故の数年前に日本地震学会の学会誌『地震』に掲載され，原子力関係者の会議でも話題に上っていたことがその後の事故調査で明らかになっている．当時，福島県沖で巨大津波が発生する可能性は全くないことを前提に原子力発電所の安全対策がとられており，海岸に近い場所に原子炉の冷却に使

用する電源施設が置かれていた．しかし，電源施設を移設するには多額の費用がかかるという理由で対応が見送られていた．その結果，津波により電源施設が水没し，原子炉の冷却に必要な電源を供給することができなくなり，原子炉が次々と水素爆発を起こし，計り知れない量の放射能が大気中や海中に放出されることになってしまった．

　原子力ムラにおける官民のアクターたちの相互作用を通じて，「安全神話」という制度が生み出され，これが原子力発電所の安全管理関連の政策の形成や実施に致命的な影響を及ぼした．スリーマイル島やチョルノービリなどの原子力発電所事故の教訓や世界中の科学者が導き出した新たな知見を安全管理の向上に結びつけることができなかった．国内において繰り返された原子力発電所の安全管理をめぐる不祥事に際しても，システムの厳格化を進めるよりも，世の中の批判をかわし，自分たちの利益を守ろうという思考の方が勝っていた．

　以上のように，原子力ムラにおいて形成されていた閉鎖的な「つながり」が制度として原子力安全対策に関する政策過程に影響を及ぼし，悲惨な結果をもたらしたことがわかる．

### ⑵　原子力政策のメタガバナンス

　日本の原子力ムラでは，ガバナンス・ネットワークが政策コミュニティ化し閉鎖的になった結果，自分たちの行動に対する社会の反応や海外の新たな知見をフィードバックさせて，政策課題として政策過程にのせていく力が失われていた．そのようなフィードバック不全に対し，ネットワーク内のアクターたちは，水平的調整を通じて自発的に解決する力を生み出すことができなかった．

　では，「ネットワークの失敗」に対応するためのメタガバナンスは，どうだったのだろうか．原子力ムラの当時の状況を振り返ると，ネットワークの閉鎖性が高まりダイナミズムが失われていたことから，必要だったのは，脱制度化の方向でのメタガバナンスだった．

　たとえば，1995年の新型増殖炉「もんじゅ」の事故に対する厳しい批判を受けて，1996年度に「原子力円卓会議」が設置された．円卓会議には，11回の会議にのべ127名が招聘され，毎回，参加者の中に批判論者が含まれていた．この試みは，ネットワークに「揺らぎ」をもたらす可能性を秘めていたが，恒常的な機関として設置されたわけではなく，そこでの議論はアリバイ作りを狙った表面的なもので，政策の変更や改善につながる成果をもたらすことはできなかった（大山2002）．

　法的権限をもつ経済産業省や，電力業界で圧倒的な資金力をもつ東京電力もまた，メタガバナンスの担い手としての資格と能力をもっていたかもしれない．しかし，経済産業省で安全管理の実務を担当していたのは，主に法学部出身者であり，科学技術面については，原子力メーカーなどから送り込まれた社員たちに頼りきっていた．東京電力は，自社の行動が業界全体に及ぼす影響の大きさを恐れて自縄自縛になり，あえて保守的に動く行動パターンに陥っていた（橘川2011）．

　福島第一原子力発電所事故の後，政府から高い独立性をもった「原子力規制委員会」が新設された．それまでは，原子力発電所の設置認可を担当する経済産業省の中に，安全規制を担当する「原子力安全保安院」が置かれていたが廃止され，環境省の中に原子力規制委員会をサポートする「原子力規制庁」が設置された．原子力規制委員会は，原子力発電所の再稼動について厳しい対応をとってきており，審議の過程や関連資料を報道機関に積極的に公開している（萩野2021）．

　事故後，原子力ムラを解体するべきだという主張も出されていたが，いまだ高レベルの放射能物質が原子炉内に残されている事故現場のコントロール，他の発電所の老朽化した原子炉の解体作業，これまで生み出してきた大量の核廃棄物を数万年にわたり貯蔵するための施設の整備といった政策課題が残されている．これらの課題に対応していくためには，どのような形であるにせよ，原子力政策をめぐるガバナンス・ネットワークは必要とされるのは明らかである．この種のネットワークを残さなければならないとすれば，原子

力規制委員会を中心にすえ，ネットワークが二度と利益コミュニティに陥らないようなメタガバナンスの仕組みを考える必要がある．

　原子力政策をめぐるガバナンス・ネットワークに関する研究を通じて，①透明性を確保し，ネットワークの構成メンバーが常に「外からの視線」を意識しながら，期待されたガバニングに応えるべく相互作用を展開する仕組みを作ること，②原子力規制委員会の委員などに別の視点をもった新規参入者を受け入れ，原子力をめぐる政策の過程に関わることのできるように開放性を高めること，③そこで生み出された政策の内容について，事実とデータに基づいて検証する専門家組織を政府の外に作ることなどの提案をすることができる．

## 4.　国家とネットワークの関係

### (1)　「ヒエラルキーの影」のもとでのガバナンス

　公共的な問題解決の代表的なスタイルとして，ヒエラルキーと市場とネットワークという3タイプがあることはすでに説明した．それぞれの問題解決スタイルは機能不全に陥り，失敗する可能性をもっている．

　問題の性質によって，あるいはその社会が置かれている状況によって，望ましいガバナンス・スタイルは異なってくる．特定の問題がどのスタイルで扱われるべきなのかについて，あらかじめ明確な解答があるわけではない．たとえば，1990年代以降，「ゆりかごから墓場まで」の様々なケアを担う福祉国家の行き過ぎを緩和し，公共サービスの提供を市場の競争原理に委ねる「ニュー・パブリック・マネジメント（NPM）」のもとで推進された民営化や規制緩和の動きは，「ヒエラルキーから市場へ」の問題解決のスタイルの移行を示している．

　さらに重要なのは，それぞれのガバナンス・スタイルが他のスタイルに影響を及ぼしている点である．国家によるヒエラルキー的な問題解決とネットワークにおける水平的な調整に基づく問題解決の影響関係について，ガバナ

ンス・ネットワーク論では,「ヒエラルキーの影(the shadow of hierarchy)のもとでのガバナンス」という表現で議論されているので紹介してみたい(風間 2022).

ネットワークと国家の関係を「ヒエラルキーの影」という表現で説明したのは,ドイツの政治学者シャルプフ(Fritz W. Scharpf)である(Scharpf 1997).彼は,政治家による官僚に対する指揮命令,官僚制の内部の上司による部下に対する指揮命令,法的権限に基づく国家による国民や事業者に対する規制など,上下関係に基づく命令-服従関係をベースにする相互作用パターンを「ヒエラルキー的指揮(hierarchical direction)」と呼んでいる.このヒエラルキー的指揮は,ネットワークにおける「交渉による合意(negotiated agreement)」を目指す水平的な相互作用よりも,「取引費用」を低く抑えることができ,効率的であると説明している.

しかし,ヒエラルキー的指揮にも問題がある.第1に,この相互作用パターンが機能するには,指揮命令を行うリーダーが意思決定に必要な情報をもっていることが前提となる.しかし,ヒエラルキー関係の下にいる者たちが情報の流れをコントロールしたり,逆に過剰な情報がもたらされたりして,リーダーが適切な形で情報を獲得できるとは限らない.第2に,リーダーが「善意の動機づけ」をもって行動しないかもしれない.自己利益や保身のためにその権限を悪用し,独裁者のように振る舞う危険性がある.

以上の問題意識をもって,シャルプフは,ネットワークにおける交渉による合意を通じて有効な政策が安定的に生み出される方法について考察する.社会においてアクターたちはネットワークを形成し,水平的な関係を前提とした交渉を通じて政策を生み出している.この相互作用には,合意に至るまでに多くの時間とエネルギーが費やされ,膨大な取引費用がかかっている.しかし,もしも,ネットワークにおいて交渉を行うアクターたちが,ヒエラルキー的指揮を発動する力をもつ国家の存在を常に意識しながら「ヒエラルキーの影」のもとで相互作用をすることになれば,取引費用を大幅に削減することが期待できるという.

　「ヒエラルキーの影」を利用した政策の展開は，実際に様々な政策領域で活用されている．たとえば，ドイツでは，環境規制が検討される場合，まずは民間による自主規制に委ね，うまくいかなかった場合には，政府が制裁を伴う法規制を発動するという状況＝「ヒエラルキーの影」を作っている．規制を受けたくない事業者たちは，自主規制でも目標を達成できることを証明すべく，事業者間の対立点を解消し妥協を図る行動を選択する．

　もしもネットワークがうまく機能しないと認識されたら国家が介入してくる．その可能性を意識しながらアクターたちは相互作用を行う．ネットワークが失敗して政府の介入を受けた場合と，妥協して合意する場合を比較して，意思決定・行動の選択を行うというのが「ヒエラルキーの影」の議論である．

　このように，ヒエラルキー的な上下関係にはないネットワークにおいて政策を形成・実施するにしても，実際なんらかの形で国家の存在に影響を受けていることが多い．ガバナンス・ネットワークは，政策過程に関わる様々なアクターの意識に働きかける制度であるが，相互作用において国家が「ヒエラルキーの影」として存在し，これもまた制度として影響を及ぼすという「入れ子構造」のようになっている．

## ⑵　国家から自律するネットワーク

　ガバナンス・ネットワークとの関係で国家の優位を重視する研究者は，メタガバナンスや「ヒエラルキーの影」を通じて国家がネットワークを戦略的に利用していると考える．しかし，この議論には若干の矛盾を感じる．

　「ヒエラルキーの影」が機能するのは，ネットワークが機能しないときにいつでも国家が確実に介入するという「信頼ある脅威（credible threat）」（Shelling 1980）の認識が関係者の間で共有されている場合である．しかし，「ヒエラルキーからネットワークへ」の移行の動きは，国家が現に問題を解決する能力を低下させており，ネットワークに介入する資源と能力を失いつつあることから生まれている．ネットワークに問題解決の主導権を委ねた当初は，国家に監視する能力が残されているかもしれないが，問題解決に直接

関与しなくなると，しだいにそこに専門知識を備えた人材が配置されなくなり，国家による監視能力は少しずつ低下していくことになるだろう．

また，国家の活動範囲が国境の中に閉じ込められているのに対し，ネットワークは容易に国境を越えてグローバルな関係を形成していく．このようにして国家のコントロールからネットワークが自律し，国家がかざす「ヒエラルキーの影」は，だんだんと薄れていくだろう．そのような状況においても，ネットワークの健全性が保たれる方法を考えていく必要がある．

現在，一部の国家において権威主義化が進行し，個人の自由に対する抑圧，他国への侵略などのあからさまな暴力の行使が平然と行われている．そのような国家の行動に，ネットワーク型のガバナンスが言論と理念の力によって対抗することができるのかが問われている．国境の中で強制力をもって秩序を維持する国家と，国境を越えて多様な主体が交渉による合意に基づいて政策を生み出していくネットワークがハイブリッドに結びつくのが，21世紀のガバナンスのスタイルであろう（山本 2008）．

## 5. ガバナンス・ネットワークとイノベーション

### ⑴ イノベーションとは何か？

現在，政策過程研究が強い関心を寄せる重要テーマのひとつに，政策にイノベーションが起こる要因やプロセスについての研究がある．政治学では，公共領域において発生するイノベーションは，突発的・偶発的な出来事として把握されることが多く，イノベーションが起こる条件に関する考察は経営学に道を譲ってきた．経営学では，うつろいやすく不確実で複雑で曖昧な環境を「VUCA（Volatility, Uncertainty, Complexity, Ambiguity）」世界という言葉で表現しているが（Ryan 2012），そのような状況に直面している企業が従来の発想を乗り越えるようなイノベーションを起こすメカニズムや条件について研究が進められている．

イノベーションについてはいろいろな理解の仕方があるが，ここでは，

「パラダイムを意図的にシフトさせることで価値を創造する行為」と捉えておこう（Drucker 1974）．パラダイムとは，関係者の間で共有される思考の前提のことである．

　パラダイムとイノベーションの関係について，ひとつ例を挙げて説明してみよう．かつて，日本の飲料メーカーのパラダイムに，「日本人はお茶にお金を出さない」というものがあった．しかし，あるメーカーの社長がペットボトルでお茶を販売することを思いついた．そのためには設備投資が必要で，パラダイムに縛られていた社員たちは猛反対した．けれども，社長は反対を押しきりペットボトルの烏龍茶の販売を強行した．この商品はヒットし順調に販売量を増やしていった．その結果，日本人はお茶を買わないという社内のパラダイムが書き換えられることになった．それだけでなく，他社もペットボトルのお茶を販売しはじめ，飲料業界でもパラダイムシフトが起こった．それに加えて，消費者も，ペットボトルのお茶に購入する価値のあることに気づき価値創造が起こった．飲料メーカーの社長が行った判断は，企業の内部／飲料業界／消費者にイノベーションを起こしたのである．

　状況が安定している世界では，パラダイムの存在が決定的に重要な役割を果たす．パラダイムが共有されていれば，直面している状況を同じ視点で捉えることができ，状況に適切に対応することができる．しかし，VUCA 世界では，メンバーに共有されているパラダイムの存在が問題の認識および解決策の創出を阻害する場面が多くなる．パラダイムが思い込みとなって，問題の発見を遅らせ，深く考えもせず有効な解決策を排除してしまうことにつながるからである．

　VUCA 世界への対応という点において最も重要だと思われるのは，「創発（emergence）」を伴う変化である．複雑系理論では，線形的な思考プロセスでは出現しない変化を「創発」という．イノベーションとは，そのような創発を伴う変化だといえる．経営学では，どのようにしたら企業において意図的に商品やサービスのイノベーションを引き起こすことができるのかについて研究が進められてきた．

現在，政策過程が袋小路に迷い込んでいるとすれば，政策をめぐる複雑で流動的な環境に適応できるプロセスを見いだしていないからである．先進的な国や自治体において開発され，他の国や地域が模範とするような政策の多くは，既存のパラダイムに挑戦し，それを乗り越える創発から引き起こされたものである．VUCA世界に対応するため，様々な政策領域において関係者たちの間で共有されているパラダイムを乗り越え，柔軟に有効な政策を生み出す条件を見つける必要がある．

## ⑵　政策にイノベーションを起こすネットワーク

　創発的なイノベーションが生み出される条件のひとつとして考えられているのは，「多様性（diversity）」の確保である．自分とは違った価値観との出会いにより思考に刺激を受けることで，新しいアイディアがひらめく可能性が広がる．

　この点について，経営学ではアメリカを中心に「ダイバーシティ・マネジメント」というテーマで研究が進められている．当初は，白人男性中心の企業社会に女性が進出し，あるいはグローバル化の進展により多様な文化的背景を持った社員が増加することで発生する課題をいかに克服するのかが中心テーマであった（谷口 2005）．

　しかし，最先端の企業は，より積極的に多様性戦略を採用し，多様性を組織の活性化やビジネスアイディアの創出につなげている．スターク（David Stark）は，いくつかの実証研究を踏まえて，組織内の複数価値の並立がイノベーションを引き起こすことを明らかにしている（スターク 2011）．企業の研究開発の現場では，データサイエンティストと哲学者など，異なった知的背景を持つ人材を組み合わせてチームを編成し，そこから創発的なイノベーションを引き起こす試みが続けられている．

　政策開発の分野においても同様である．たとえば，アンセル（Chris Ansell）とガッシュ（Alison Gash）は，異なったスキル／資源／知識／ニーズの相互作用を促進する空間である「協働プラットフォーム」を設置し，イ

ノベーションを引き起こすことを提案している（Ansell & Gash 2018）．自治体の政策現場でも，たとえば，京都府では，「地域力再生プラットフォーム事業」を展開してきた．多様な個人や組織がプラットフォーム上に自主的に集まり，自由な対話の中から，取り組むべき課題を発見し，解決につながる創発的なアイディアを生み出そうという試みである．

　この種のイノベーションを生み出す多様性戦略が官僚制組織におけるヒエラルキーによる問題解決スタイルと相性が悪いことは明白である（風間2016）．官僚制は，あらかじめ設定されたルールと，状況に応じて発せられる指揮命令に，メンバーが忠実に従うことで動くシステムであり，必然的にメンバーの行動は標準化され思考は画一化されていく．一方，関係者に対して自ら考え行動することを求めるネットワークは，イノベーションを引き起こす多様性を維持しやすい構造を備えている．

　ネットワーク的な「つながり」においてイノベーションを引き起こす際に重要なのは，「対話」である（風間2016）．対話とは，思考したことを互いに投げかけあう作業である．ボーム（David Bohm）は，対話を「相手の考えを否定することなく，価値観の違いを受け入れた上で，傾聴する行為を続けることで『意味の共有』が生まれていく現象」と説明している（ボーム2007）．多様な価値の存在を認めあって，相手の考えに耳を傾ける．その行為が自分の思考に刺激を与えて思考が深まっていく．このような思考と対話の往復運動による「意味の共有」がイノベーションの条件であると考える．

　以上の議論を踏まえると，ガバナンス・ネットワークにおける多様性とイノベーションの関係で重要なのは，制度化・構造化が過度に進行したときの脱制度化方向でのメタガバナンス活動であることがわかるだろう．たとえば，新規アクターの参入を促進したり，水平的調整ゲームが活発化するように資源を集めすぎたアクターから資源の乏しいアクターに資源の再配分を行ったり，場合によってはネットワークの構造自体を根本から変えてしまう．公共的な問題を解決するために，多様な視点を持つ人たちを集め，思考と対話の条件を用意することで，パラダイムが乗り越えられ創発的なイノベーション

が生み出される．そのような「多様性に基づくガバナンス」を可能にするのが理想のネットワークの姿である．

　以上のように，思考と対話の往復運動を妨げている要因を取り除くための具体的な提案をすることが，「つながりの政策学」の果たすべき重要な役割のひとつであると考える．

# 第10章
# 政策過程と民主主義

## 1. 代議制民主主義と政策過程

### ⑴ 代議制民主主義を通じた政策過程の民主化

　ここまで，政治学における政策過程研究を中心に紹介してきた．しかし，前章までの記述には政治学にとって最重要テーマのひとつである民主主義に関する議論が抜け落ちていることに気づいただろうか．

　公共的な問題の解決に結びつく有効な政策を生み出していくこと．これが政策を研究する者が目指すゴールである．しかし，同時に，わたしたちは，民主的な社会の実現を理想とし，政策が民主的な過程を通じて形成されるべきだと考えている．

　では，なぜ政策過程を研究する政治学者たちの多くが民主主義について深く論じてこなかったのだろうか．それは，どのようなプロセスで形成されるにしても，公共政策といわれる以上は，最終的にはなんらかの形で有権者に選ばれた議会や政治リーダーたちによってオーソライズされることが当然の前提とされていたからである．

　国家を中心に強制力を背景とした政策を展開する「ヒエラルキー」を，民主主義の観点から支えているのが「代議制」である．道路交通法に基づく交通違反の取り締まりのような「規制」は，免許の停止・取消といった強制力を伴う．生活保護に代表される「給付」には強制の要素がないように思えるが，その原資は，税金などによって強制的に徴収されたものである．なぜ，

186

わたしたちは国家の強制に従うのだろうか．従わなければ，罰金を払わされ，逮捕・拘束されるなどの制裁が待っているからというのも理由のひとつだろう．しかし，もっと重要なのは，政策の内容に不満があっても，民主的な手続きを経て決められた以上受け入れるのが民主主義を理想とする国家に生きる国民として正しい態度だと思っているという事実である．

　ある政策に対して，積極的に支持したり，消極的ではあるが従わざるをえないと思ったりするのは，その政策が代議制というシステムを通じて，民主的な正統性を獲得しているからである．政策を形成し実施する主体が政府である限りにおいて，代議制を通じて，民主的な政策過程が確保されていると考える．このような理解を「代議制民主主義モデル」という．

### ⑵　代議制の危機

　しかし，現在，次のような理由で，代議制民主主義モデルのもとで民主的な政策過程が実現していると考えるのが難しい状況になっている（岩崎2021）．
　第1に，社会において価値観が多様化していて，政党システムと選挙制度だけでは多様な価値を政治に反映させることが難しくなっている．当初，政党は，資本家・経営者の利益を守る勢力と，労働者の利益を守る勢力を中心に構成されていた．有権者は，そのどちらかの政党の候補者に投票していれば，自分の意思が概ね国政に反映されると信じていた．しかし，社会において価値観が多様化し，都市部と農村部／高齢者と若者／女性と男性／経済発展と環境保全／グローバル化と反グローバル化など，社会の中に様々な対立軸が生まれている．それに対応して「緑の党」など多様なタイプの政党が出現してきてはいるものの，自分の意見を実現してくれると期待できる政党や候補者を見つけることは難しくなっている．
　そもそも，一定年齢以上の全国民に等しく投票権が配分される代議制は，自分が国政を動かしているという実感を抱きにくい仕組みである．投票所に足を運んで一票を投じても政治は変わらないという無力感が社会を支配し，投票率は低下していく．有権者のほんの一部しか支持していない候補者が利

益団体などの組織票に支えられて議員の地位を得ていく．芸能人／スポーツ選手／ユーチューバー（YouTuber）などが著名であるというだけで，政治家としての思想／政見／資質を問われることなく票を得る「イメージ選挙」が常態化する．そのような状況を前にして，代議制を通じて民主主義が実現しているとは考えにくくなってきている．

　第2に，選ばれる側の政治家にも問題がある．メディアの報道を通じて，政治家の不祥事や無能力が繰り返し伝えられてきた結果，全人生を賭けるに値する魅力的な職業として政治家を志す人は少なくなっている．立候補には落選のリスクがあり，人生設計が狂い家族を路頭に迷わせてしまう可能性がある．政治家としての資質や能力があっても，立候補する決断に踏みきる人は珍しい．そうなると，父親などが国会議員でその地盤を受け継ぎ後援会組織も整備されている二世議員，関係業界が全面的にバックアップする利益団体の推す人や官僚の出身者が議席を占めるようになる．社会の中の特殊な層から，一般国民の生活感覚とはズレている政治家が再生産されている．

　政治家側のもうひとつの問題点は，目の前にある政策問題を解決するのに必要とされる知識を持ちあわせていないことである．選挙の機会に，政策に精通しているかどうかが問われることはあまりなく，社会が直面する様々な問題を議論するのに最低限必要な知識すらもたない人物が国会に送り込まれている．高度に専門的な政策問題については，徹底した分業の中で，狭いが深い知識を蓄えている官僚に頼っているのが現状である．

　代議制民主主義モデルでは，政治家は官僚や専門家の意見に耳を傾けたうえで，最終的に決定する責任を負うとされるが，彼らが主体的に判断しているという保障はない（Beck 1992）．代議制民主主義は，市民が政治的な決定に直接関わる直接民主主義とはちがい，高度な知識と能力を有権者に求めることはせず，識見を備える議員に政治を任せる点で優れていると考えられてきた．しかし，実は，政治家たちが市民の付託に応えられるだけの政策上の知識や能力を持ちあわせていないのである．

### ⑶　ネットワークと代議制民主主義モデル

　現実において，政府が政策の主体となり，そこに資源を集中させて，主に強制力を伴う政策を通じて公共的な問題の解決を図る「ヒエラルキー」は限界に直面している．政府が問題解決に必要な資源を集めることは難しく，民間企業や市民社会組織などと連携して，ネットワーク的な関係を形成し政策を展開するスタイルが定着しつつある．「ヒエラルキーからネットワークへ」の大きな潮流の中で，ヒエラルキーを支えてきた代議制民主主義モデルもまた根本から問い直す必要が生まれている．

　ヒエラルキー以外の有力なガバナンス・スタイルとしてネットワークを研究する人たちは，代議制民主主義を主軸とする体制では，民主主義は貫徹しないと考えるようになってきている．政府関係のアクター以外の NPO/NGO，企業，利益団体などの民間アクターは，選挙された代表者ではなく，代議制民主主義の観点からいえば，重要な政治的決定に関わる資格をもたない存在である．選挙されていない多様な主体がネットワークにおいて政策の形成・実施の過程に関わり，公共的な問題の解決にコミットしているという現実を前にして，ガバナンス研究の分野では「代議制民主主義モデルはどう変化していくのか」という問いが立てられ，代議制民主主義とネットワークの関係が議論されている．

　クリン（Erik-Hans Klijn）とスケルチャー（Chris Skelcher）は，代議制民主主義とネットワークを「接合」する 4 つの立場を紹介している（Klijn & Skelcher 2007）．

　第 1 に，両者は異なった制度的ルールに基づいていることから対立し，両立しないとする立場である．代議制民主主義のもとで形成されてきた公式のルール群と，実践経験と暗黙のルールの蓄積からなるネットワークのルール群は，常に緊張関係にあると考える．

　第 2 に，ネットワークは代議制民主主義を補完すると考える立場がある．ネットワークは，より広い範囲のアクターを政策過程に取り込むことで，複雑な課題環境のガバニングに苦労している代議制政府にとって潤滑油のよう

な存在になると考える.

　第3に，国家中心のヒエラルキーから脱中心的なネットワークへの移行プロセスにあるとする立場がある．グローバル化／IT技術の発達／社会的つながりの喪失により，代議制政府は統治機能を失い，ネットワークが代議制とは違った新しい形の民主主義モデルを担うと考える.

　第4に，ネットワークは国家の手段にすぎないとする立場がある．流動的かつ複雑な状況において，有効でイノベーティブな政策を生み出し関係者の参加を装う手段として政府はネットワークを活用すると考える.

　代議制民主主義の観点からいうと，ネットワークにおける相互作用を通じて生み出された政策は，国民の代表者である政治家が正式に決定する政策に比べて，民主的正統性に劣るのは明らかである.

　ガバナンス研究における民主主義論でよく取り上げられるのが，シャルプフがEUの「民主主義の赤字」問題に関連して提示した「インプット志向の正統性（in-put oriented legitimacy）」と「アウトプット志向の正統性（out-put oriented legitimacy）」の対概念である（Scharpf 1999）.

　通常，民主主義の赤字を批判する際に念頭に置かれているのは，参加者たちの資格，つまりインプット志向の正統性である．代議制民主主義では，議員の選挙や審議手続きによって，インプット段階の正統性が確保される．EUでも欧州議会議員を加盟国の市民が直接選挙し，加盟国政府の代表で構成される閣僚理事会においてEU法が制定される．しかし，国内の統治機構に比べれば，EUの政策エリートたちは，加盟国市民からはかなり遠い存在であり，政策過程に関わるにあたってインプット志向の正統性に不足している．しかし，シャルプフは，加盟国の増加に伴い価値が多元化したEUのような社会では，人々の統一した意思をインプット段階で追求するよりも，結果的に有効な政策が実施されることで確保されるアウトプット志向の正統性を追求するべきだと説く.

　実は，アウトプット志向の正統性に寄りかかる姿勢は，「政策科学」を提唱したラスウェルにもみられる．彼は，「民主主義の政策科学」を掲げ，専

門家による専制的な支配に警鐘を鳴らすことを忘れなかったが、政治性を排除して合理的な政策が作られれば、結果的に社会全体の利益にかなうことになり、民主主義に貢献すると素朴に考えていた（Lasswell 1971）.

　しかし、ある政策が社会全体の利益実現に貢献したかどうかを評価することもまた、価値が多元化した社会においては容易なことではなく、政策の成功 – 不成功を確定させ、アウトプットから正統性を主張するのは困難である. 加えて、政策の成果から正統性を主張することは、まさに全体主義国家の常套手段であり、社会全体の利益実現のために個人の自由が抑圧されてしまう危うさがつきまとう.

　代議制民主主義モデルのもとで選挙や議会の審議にあたって採用される多数決は、多くの人口を抱え価値が多元化した社会において、国家が多様な意見をひとつに統合しているように装い、たくさんの政策課題についてひとつひとつ結論を出していくことを可能にする唯一の仕組みである. 国家によるヒエラルキー的な問題解決スタイルと代議制民主主義は、その意味で切っても切れない関係にあり、フランス革命以降一貫して批判されてきたにもかかわらず（宇野 2016）、代議制が民主主義の「砦」として維持されてきた理由もそこにある.

　しかし、多様なアクターで構成するネットワークを通じて公共的な問題の解決にアプローチしようとするならば、ヒエラルキーを支える代議制民主主義とは違う、ネットワークという問題解決スタイルにあった民主主義の形を示す必要がある.

## 2. 多元的民主主義論

### ⑴ アメリカン・デモクラシー

　第 2 章で少し触れたように、代議制民主主義モデルに対抗する有力な捉え方として、建国以来、アメリカの民主主義の拠り所となってきた多元的な民主主義モデルがある（トクヴィル 2015）.

　アメリカ流の民主主義は，建国の父のひとりマジソンの思想によく表れている．マジソンらは，自分たちがどのような考えに基づいて合衆国憲法を起草したのかを，『ザ・フェデラリスト』という小冊子に書き残している（ハミルトン他 1998）．そこで，マジソンは，ひとつの党派が全権を掌握することに警戒感を示し，権力はできるだけ多数の主体に配分することが望ましいと主張する．選挙に勝利したからといって，任期中独裁者のように振る舞っていいわけではなく，個別具体的に，政治の場で自分の生活や思想に関わる問題が議論される場合には，そこに参加することができるオープンな政策過程が民主主義の理想であると考えている．

　政治家が代表者として重要な決定を担う代議制民主主義モデルではなく，民間企業や利益団体，市民団体や NPO/NGO などの「アソシエーション」が直接政治に関わることが認められる状態が民主的であるという考え方に立てば，利益団体の圧力活動も民主主義にかなっていることになる．たとえば，農業の自由化が進むと国際的な競争にさらされ，海外の大規模農業に対抗できない国内の農家の生活が脅かされる．だから，農業団体は政治家にいろいろな形でアプローチして自分たちの利益を守ろうとする．こういう圧力活動は，次の選挙まで自分の生活やビジネスに関わる議論を政治家に任せてしまう代議制民主主義よりも，政治に参加する機会が広く用意されているという意味で民主的だということになる．

## ⑵　参加型民主主義

　様々な立場の個人やアソシエーションが政策過程に参加するスタイルは，アメリカが独立する前，それぞれの町において日常的に行われていた「タウンミーティング」がルーツだといわれている．全米各地域において，自分たちが資金を出しあって学校を作り教師を雇用するなど，ローカルな問題は，自分たちで直接議論し話しあって決めるという伝統が作られていた．

　この伝統は，選挙権の範囲が拡大され，議員や知事／市長などを投票で選ぶようになるにしたがって代議制に置き換わっていったが，政治的決定への

参加が民主主義の基本であるという感覚は今もアメリカ社会に息づいている．投票が終わった時点で次の選挙まで政治との関わりが切れるのではなく，随時自分たちの意見を反映させることが民主主義の基本であるという思想は，公民権運動／環境保護運動／LGBT 運動といった市民運動の中に今も脈々と受け継がれている．

　選挙運動期間中に，そのとき社会が直面している課題がすべて取り上げられるわけではないし，多数決ではマイノリティの利益も十分に配慮されない．このような問題意識のもと，代議制民主主義と同時に，市民参加を通じて民主主義を機能させる「参加型民主主義（participatory democracy）」が主張されている．

　日本では，第二次世界大戦後，GHQ の占領統治下の 1947 年に「地方自治法」が制定され，地方の政治・行政の基本的な仕組みが作られたが，ここにも，参加型民主主義の発想が組み込まれている．

　たとえば，地方自治法 74 条では，条例の制定・改廃に関する直接請求制度が規定され，有権者の 50 分の 1 以上の署名を集めることで，市町村長や知事に対して，条例の審議を求めることができる．

　日本では，この制度を使って，住民投票実施のための条例制定を求める市民運動が展開されてきた．1996 年，新潟県巻町において原子力発電所建設の可否を問う住民投票が全国で初めて実施された．投票の結果，反対派が勝利し，発電所の建設は断念された．その後，廃棄物処理場などの迷惑施設や市町村合併など地域の様々な課題をめぐって，住民の意思を問う住民投票が行われてきた．

　イギリスでは，2016 年 EU 離脱をめぐって国民投票が行われ，僅差ではあったが離脱派が勝利し，2020 年に EU からの離脱が実現した．スイスでは，平均年に 4 回ほどの頻度で 1848 年から現在までに 600 回以上の国民投票が行われている（岡本 2008）．

　国民投票や住民投票は，判断に際して必要な情報が有権者に十分提供されず，フェイクニュースにあふれ，有権者が感情やムードに流されるなどして，

振り返ってみると誤った選択をしたことが判明することもないわけではない．しかし，投票が実施されることで，家族／職場／友人との会話の際に政策が話題に上り，意見交換が行われる．政策テーマに関する知識を身につけ，政治に関心をもち，意識を高めていく．そのような機会を通じて，市民としての「資格と能力（competency）」を獲得していく効果があるといわれる．

　今，代議制民主主義モデルを根本から見直す「ラディカル・デモクラシー・モデル（radical democracy model）」といわれる民主主義理論が力をもちつつある．その中から，民主的な政策過程を考えるうえで重要な議論を展開しているハーバーマス／ムフ／ハーストの3人の民主主義論を取り上げてみたい．

## 3.　ハーバーマスの熟議民主主義論

### ⑴　政治的公共圏とコミュニケーション的合理性

　ドイツの社会学者ハーバーマス（Jürgen Habermas）は，初期作の『公共性の構造転換』（*Strukturwandel der Öffentlichkeit*）で，「政治的公共圏」という概念を提示する（Habermas 1989）．政治的公共圏は，たとえば，絶対王政期のフランスの社交界やカフェ，イギリスのパブなどに存在していた．そこで交わされる日常的なコミュニケーションを通じて，追求されるべき価値が浮かび上がっていったという．

　社交界やカフェでの日常会話から，たとえば，「表現の自由」をはじめとする自由権に関する観念が共有されていく．この種の自由は生まれながらにして神から与えたものであって，ときの権力者が奪えるものではないという言説が社会に広がっていく．人権の不可侵性は，ロック（John Locke）やルソー（Jean-Jacques Rousseau）といった思想家が書斎の中で考え出したものではなく，当時巷にあふれていた言説を彼らがその鋭い感性で汲み取り，著作という形で革命を担う人々に影響を与えたものである．

　しかし，現在，そのような大切な価値観を生み出してきた政治的公共圏の

力が弱まってきていると，次作の『コミュニケーション的行為の理論』（*Theorie des Kommunikativen Handeln*s）でハーバーマスは主張する（Habermas 1987）．

　経済や政治の世界である「システム」では，お金や権力の大きさに応じて，自分の目的を達成することができる．経済システムでは，裕福な人ほど自分が望む物を手に入れることができ，政治システムでは，議会で議席を獲得して権力を拡大すればそれだけ，政治目的を実現することができる．システムで重視されるのは，どれだけ自己の目的を達成することができたのかである．このような考え方を，社会学では目的合理性，ハーバーマスは「道具的合理性」と呼んでいる．

　しかし，正しいかどうかの判断には，もうひとつ「コミュニケーション的合理性」という別の合理性概念があるという．たとえば，家族や友人，恋人関係，近所付き合いで重要なのは，どれだけ目的を達成したかではなく，どれだけ時間を共有し語りあったかである．一家団欒の時間，恋人同士が語りあう時間は，それ自体に価値があり，どれだけ自分の目的を実現したかどうかは関係ない．そのような「私的領域」とともに，コミュニケーションに支えられた「公共圏」が「生活世界」を構成し価値観や文化を生み出しているとハーバーマスは主張する．

　現在，道具的合理性の感覚がわたしたちを支配するようになって，生活世界にも入り込み，ハーバーマスの言葉を借りれば，システムが生活世界を植民地化している．買い物の際に交わしていた会話は失われ，コンビニエンスストアやスーパーマーケットで黙ってお金を出しても品物を手に入れることができる．日常生活の中で，しだいに言葉が失われる状況が進行すると，公共圏の力が弱まり，思想や文化が生み出される基盤が揺らいでいくことをハーバーマスは懸念している．

## ⑵　熟議民主主義論の可能性と課題

　以上の理論展開を民主主義をめぐる議論にもち込んだのが，「熟議民主主

義（deliberative democracy）」の理論である（Habermas 1998）．熟議民主主義
モデルでは，関係者の間で，情報を可能な限り共有し，合意・妥協を目指し
て徹底した討議を行うことが民主主義の実現につながると考える．民主的な
社会にとって重要なのは，人々が自由に意見を述べあい，暴力ではなく言葉
や論理の力に基づくコミュニケーションによって大切なことが決まっていく
「公共圏」の力を回復させていくことである．

　このような熟議民主主義論は，政策過程の事例研究を行う研究者にとって，
分析の枠組みを作る際に大きな価値転換をもたらした．対象とする政策過程
がどれだけ道具的合理性の観点から優れた政策を生み出したのかではなく，
どれくらい誠実に密度の濃いコミュニケーションが交わされたのかという点
から評価する視点が示されている（Forester 1993）．

　古代アテネにおける「デモクラティア」では，民会の場において全市民に
発言の機会が与えられていたが，それよりも重要なのは，民会の数日前には
アゴラに議題が掲示され，次の民会で議論されるテーマについて，アテネ市
民が事前に話しあっていたという事実である（橋場 2016）．熟議民主主義論
では，特定の政策テーマに関する討議の「場」が設定され，多くの関係者が
参加し，徹底的に議論することで，コミュニケーションを通じて合意や妥協
が図られていくプロセスが重視される．

　強制力を背景とするヒエラルキー的問題解決スタイルと結びついた代議制
民主主義モデルに対して，熟議民主主義モデルは，言語を用いたコミュニ
ケーションの「質」から民主主義を評価するアプローチを示している．この
点が政策過程をネットワーク的な「つながり」から考察しようとするガバナ
ンス・ネットワーク論者を惹きつけているところである．

　ただし，熟議民主主義理論に対して，いくつかの観点から批判が加えられ
ている．たとえば，関係者が広く討議に参加することを想定しているが，現
実にはそのような「場」を作ることは難しい．たとえば，将来生まれてくる
世代の声は，討議の場に届かない．討議の場に誰を招くのかを，実は権力者
が決めている場合が多い．討議を重ねても，本質的な価値観の対立は解消で

きず，そこから何も生み出すことができないといった批判である．

　現在，個人がつながる SNS 上の言論空間の力が注目されている．EU では，サイバー空間に公共圏を用意することで「民主主義の赤字」の解消を図る取組みが展開されている（Yasue 2023）．しかし，サイバー空間上に，対立する意見が交わされる討議の場ではなく，自分と価値観や感性の近い人が集まるコミュニティが形成された結果，サイバー空間は無数の SNS コミュニティに分断された形で存在する状況になっている．SNS のコミュニティは，残念ながら極端な方向に意見が増幅されていく「エコーチェンバー効果」によって，ハーバーマスのイメージする公共圏ではなく，偏見や憎悪を増幅する装置として機能してしまっている．

## 4.　ムフの闘技民主主義論

### ⑴　「政治的なもの」と闘技民主主義

　次に，ベルギーの政治学者ムフ（Chantal Mouffe）が主張する「闘技民主主義（agonistic democracy）」の理論を紹介したい．この民主主義モデルは，「民主主義とは何か」を根底から問い直す内容を含んでいる．

　ムフは，「政治的なものとは何か」という問いかけから議論を始める（Mouffe 2005）．彼女によると，政治的であることの本質は，「友」と「敵」を形成することである．政治の場は，相手の意見に耳を傾け自分の考えを伝えることで意見の違いを確認するために存在する．そして，意見相違の背景には，世界観の違いがあって，けっして合意できないことを確信するのだと論じている．熟議民主主義モデルは，討議の場で参加者が納得するひとつの結論を得るに至るプロセスを描くが，ムフはこの主張を欺瞞以外の何ものでもないと強く批判する（Mouffe 1992）．熟議を通じて多様な意見が合意に向けて統合されていく過程で，賛同を得られなかったマイノリティの意見は，結局のところ排除され，彼らの居場所は失われてしまうことになる（齋藤 2008）．

　ムフの主張で最も重要な点は，同じ社会の中で，異なったイデオロギー／世界観／宗教観／好き嫌いの感情を持った個人が生活しているという現実の認識である．これを放置しておくと，人々の間に「敵意（antagonism）」が生まれ，暴力に発展し，社会が混乱する．

　本質的に相容れない人たちが社会を構成しているにもかかわらず，秩序が守られるためには，政治の世界に「闘技」が行われるアリーナを作ることが重要となるとムフは主張する（Mouffe 2000）．闘技は，ルールに基づいて議論を闘わせることを意味する．闘技のアリーナで議論したからといって，たいていの場合合意を得ることはできないが，闘技の相手を「対抗者（adversary）」としてリスペクトするように心がけることはできるはずである．互いにそのような態度をとりつづけることで，しだいに敵愾心は薄れていき，相容れない価値観や世界観をもった人であっても，その人たちの居場所を社会の中で認めようという感情が芽生えていく．熟議民主主義モデルとは異なり，ムフの闘技民主主義モデルでは，多様な意見を統合するためではなく，互いの存在を認めあうために議論の場が設定される．

　市民革命以後，民主主義の役割は，社会においてひとつの結論を導き出し，社会を統合していくことだと考えられてきた．しかし，ムフは，ひとつの政治的な決定が行われれば，その数だけマイノリティが生み出されるのだと論じる．いくら討議を重ねても，誰もが納得する結論は生まれない．この事実を認めることから，民主主義の本質を見極める必要性を強調する．

　異なった意見を統合することができると考えるかぎり，政治的決定に不満を抱く人たちの存在は忘れ去られてしまう．政治的決定をめぐる闘技に敗れても，マイノリティが政治から排除されずに，居場所が与えられるような「多様性」を基礎とする社会が理想であり，それを実現する道筋を考察するのが闘技民主主義論モデルである．

### ⑵　闘技民主主義論の異質性

　世界各地で起こっている難民・移民問題をめぐって，社会には敵対的な感

情が渦巻いている．それをポピュリストが煽動（せんどう）して，難民・移民を排斥（はいせき）する運動が活発になっている．このような事態は，社会において芽生えている敵対感情を緩和する力がどこからも生み出されていないことを示している．

　プラトンは，アテネにおいて実践されていた直接民主政の「デモクラティア」に批判的だった．それは，経験上市民が感情に流されて正しい判断をすることができないという確信があったからである．フランスの市民革命後，代議制民主主義モデルが信奉される時代に入ると，有権者は，候補者の中から識見がありそうな議員を選ぶことができさえすればよく，有権者本人に，政策に関する知識や，他者を思いやる「徳」が求められることはなくなった（松田 2011）．

　しかし，闘技民主主義モデルを理想の民主主義の姿だと捉えるならば，あらためて，市民としての「資格・能力」の問題と向き合うことになる．このモデルで想定されているのは，公共心をもった活動的な市民である．個人主義を乗り越え，闘技のアリーナにのぼり，対抗者として振る舞い，敵意の感情をコントロールするのは，市民本人である（Mouffe 1992）．しかしながら，現実社会における市民感情のうねりを目の当たりにすると，自分とは違った思想や感情をもつ人の存在を認める寛容な態度を市民の間に形成していくのは，容易なことではないと思われる．

　とはいえ，対抗者の存在を認め，闘技の敗北者を排除しないという思想は，ネットワーク的な「つながり」の中で問題の解決を図る実践の場においても共感を得やすい．闘技民主主義モデルは，異なったビジョンをもった多様なアクターが共通の目的実現のために集まり，相互作用を展開する開かれたネットワークのイメージと親和性が高い．ネットワークにおけるコミュニケーションの目的は，合意を図ることではなく，意見の相違を確認し，多視点で物事を捉える姿勢を身につけ，敵対的感情の出現を抑える「相互学習」を実践することにある．

　ただし，闘技民主主義モデルもまた，実践面でいくつかの課題を抱えている．たとえば，対抗者間の闘技に適用される基本ルールは，誰がどのように

制定し，それをどのようなプロセスを経て基本ルールとして認めるのだろう
か．どこまでの「異端者」を対抗者として認知するのだろうか．それを決め
る権力を国家に求めるならば，多様性の拡大に価値を置く闘技民主主義モデ
ルの構想とは相容れないだろう．

## 5.　ハーストのアソシエーティブ民主主義論

### (1)　政治の「場」と個人をつなぐアソシエーション

　最後にもう1つ，別の民主主義論を紹介する．イギリスの社会学者ハース
ト（Paul G. Hirst）が主張する「アソシエーティブ民主主義（associative
democracy）」の理論である（Hirst 1994）．

　代議制民主主義モデルでは，個人と政治の場をつなぐチャンネルは，主に
選挙だった．しかし，投票により，自分が政治に参加しているという実感を
得るのは難しい．ハーストは，民主主義の本質が統治者と被統治者の間で成
立する双方向のコミュニケーションにあるとし，個人と国家の間に「アソシ
エーション」を介在させて，民主主義の実質化を図ろうと考えた．

　アソシエーションは，「共通目的の実現を目指し，自発性に基づいて形成
される人間の集まり」である．「結社」と訳されることもあるが，企業／業
界団体／労働組合／国や自治体の組織／政党／自治会／宗教団体／学校／
サークルもアソシエーションである．重要な点は，どの人間もいくつかのア
ソシエーションに所属しているという事実である．

　いきなり選挙に立候補するなどして政治の世界に飛び込むのは難しいかも
しれないが，アソシエーションには誰もが日常的に所属している．個人では
なく，アソシエーションが政治の主体となり，その目的を達成すべく政策過
程に関わる．アソシエーションは，人間の集合体なので，政策に自分たちの
意見を反映させるための権力資源を個人よりも多く保持している．ハースト
は，アソシエーションの力を借りて，個人の声を政治の世界に届かせること
ができると考えた．このように，アソシエーションを通じて民主主義を機能

させることを構想する理論を「アソシエーティブ民主主義論」という．

## ⑵　アソシエーティブ民主主義の可能性と課題

　アソシエーションの多くは，公共的な問題に取り組むためではなく，自分たちの利益や楽しみのために作られた組織であるが，なかには，社会全体の問題を解決するために活動している市民社会組織もある．たとえば，NGOは，環境や人権の保護や途上国支援など，本来政府が扱うような公共的な問題の解決を目指して活動している．

　環境保護に関心がある個人が単独で活動しても，実現できることには限りがある．しかし，環境保護団体に所属してアソシエーションの一員として活動すれば，自分の意見が政治に反映される可能性が広がる．国際協力の分野でも同様である．たとえば，外務省は，政府開発援助の基本方針である「開発協力（ODA）大綱」を策定・改訂する際に，有力な海外支援のNGOを招いて，彼らの意見を反映させている．

　このように，政治に参加する道は，議員や政党に投票したり自ら立候補したりする代議制のルートだけではなく，自分の考えに近いアソシエーションに所属することで，自分の思想や意見を政治に反映させるルートを生かすことで民主主義の可能性が広がるとハーストは考えた．

　アソシエーションを通じて民主的な社会を形成していくためには，まずは，各アソシエーション内の意思決定が民主的でなければならない．ハーバーマスのいう意味での熟議が行われる場所がアソシエーションの中に作られている必要がある．市民社会組織には，志を同じくする人たちが集まっていることから，議論を通じて合意を図るのに有利な条件はそろっている．アソシエーションの参加者たちは，自分の意見を組織全体の活動に反映させるべく議論を交わす．その過程を通じて，ビジョンを共有する同じ組織においても違った意見をもつ人が存在することに気づかされ，別の視点から世界を捉えることを学習する．

　市民社会組織が公共的な問題の解決を目指すならば，別の団体との間で激

しく意見が対立する場面に直面することもあるだろう．そこで，今度は，ア
ソシエーション同士が競いあうことになる．その時，ムフの言葉に従えば，
ルールにしたがって議論を行う「闘技のアリーナ」が用意されるのが理想で
ある．アソシエーションは，公共的な問題をめぐる議論に巻き込まれ闘技の
アリーナに立つことで，自分たちのビジョンを鍛えていく．そして，アソシ
エーション間の闘技経験が，今度は組織の中に戻ってきて個人を鍛える．こ
のようにして，アソシエーションで活動する個人は，公共の利益について深
く考える「市民」に成長していくことをハーストは望んでいる．

　リアルな政治の場面においては，ハーストが考えているよりも，個人は
もっと利己的に振る舞うし，感情に流されやすく，理想の市民に成長してい
くという未来像を描くのは楽観的すぎるかもしれない．しかし，代議制民主
主義とは違う政策過程における民主主義のあり方のひとつとして，ハースト
の主張の中に重要な視点がたくさん含まれているように思える．

## 6.　ネットワークと民主主義

### ⑴　ガバナンス研究における民主主義論

　代議制民主主義モデルを基準として，ネットワーク的な「つながり」にお
いて展開される政策過程の民主化を構想しようとしても難しい．ネットワー
クの参加者には，選挙で選ばれた代表者ではない民間の個人や集団も含まれ
ていて，シャルプフのいう「インプット志向の正統性」を確保することはで
きない．では，ネットワークによる問題解決スタイルにおいて民主主義を実
現するにはどうしたらいいのだろうか．このとても難しいテーマに，ガバナ
ンスの研究者たちは無関心だったわけではなく，真正面から取り組んできた
（山本 2011）．

　ガバナンス・ネットワーク論において「協働」を重視する研究者たちは，
熟議民主主義論に親近感をもっている．多くの場合，研究対象の政策過程で
起こっている現象にハーバーマスの議論を当てはめて，コミュニケーション

的合理性が実現しているかどうかを確認するスタイルがとられている．しかし残念ながら，彼らの研究は，政治学における民主主義理論の発展に貢献しているとはいえない．

　ソレンセン（Eva Sørensen）とトルフィンク（Jacob Torfing）は，ガバナンス・ネットワークを民主主義に結びつける「投錨（anchorage）」の方法として，①政治家による監視，②所属する産業界や市民団体による批判的評価，③有権者に対する説明責任，④敵ではなく正当な対抗者として尊重しあう民主的ルールの導入を挙げている．しかし，①と③は代議制民主主義，②はアソシエーティブ民主主義，④は闘技民主主義のエッセンスを並べたにすぎず，ガバナンス・ネットワークに適合した民主主義モデルを提示しているわけではない（Sørensen & Torfing 2009）．

　代議制民主主義モデルは，有権者に公共意識や倫理を求めず，政治家がそれを引き受ける一方で，市民がいずれ倫理的な存在へと成長するだろうという幻想を抱いてきた．ガバナンス・ネットワークの民主主義論もまた，市民が政策に関する知識を獲得し，多様な価値観に寛容な姿勢を身につけた倫理的な市民へと成長することを期待している．21世紀の民主主義論にとって，ポピュリズムによる市民感情のうねりは，その理論を構築しなおすうえでの試金石となるだろう（Laclau 2005）．

## ⑵　抵抗のチャンネルとしての民主主義

　代議制民主主義モデルは，多様な価値観を国家の中で統合する理念として活用されてきた．しかし，政治学において民主主義の別の側面に注目し，民主主義を再定義しようとする理論家たちがいる．

　フランスの政治哲学者ルフォール（Claude Lefort）の議論を紹介しよう．彼によると，市民革命により成立した民主主義体制は，権力の正統性を「人民」に置くことを前提とし，特定の個人が権力を占有することを認めない．必然的に，権力の場所は，誰も占めることのできない「空虚な場所（un lieu vide）」になる（Lefort 1986: 279）．絶対王政期には，君主が「身体」のよう

に国家を体現し社会を有機的に結びつけていたが，君主が不在の民主主義体制は，「身体なき社会」となる．ナチスドイツや旧共産主義国で起こった全体主義とは，民主主義によって身体が失われ「空虚な場所」に耐えきれなくなった社会に対して，単一不可分な「人民」を偽装し，身体を体現する「党」の全能をアピールすることで身体を取り戻そうとする動きだった (Lefort 1981).

　ルフォールによると，民主主義の本性は，社会を統合する一体化した身体の形成にあるのではなく，「制度化された不確実性」にあるという．この主張は，複雑系理論で議論されている，システムに揺らぎを与える因子を民主主義にみていると理解することができる．民主主義を「制度化された不確実性」の観点から評価するならば，社会の多元性を持ち込み，硬直化した関係に揺らぎを与えていくネットワークの「働き」は，もうひとつの民主主義の可能性に道を拓くことにつながると理解できないだろうか．

　グローバルレベルからコミュニティレベルまで多層的に形成されているネットワークは，マイノリティも含めて多様なアクターの存在を発見し，公共圏に引き入れて多元性を拡大する役割を果たしている．つまり，ルフォールが語る不確実性をもたらす制度として，ネットワークは民主主義に貢献していると思われる．マスール（Navdeep Mathur）とスケルチャー（Chris Skelcher）が指摘するように，ガバナンス・ネットワークが描くのは，代議制民主主義モデルの示す統合と安定性とは逆の，柔軟性と変化の光景である (Mathur & Skelcher 2007: 229). 統合を志向する国家とは逆の（しかし民主主義の理念にかなっている）多元化・分散化の方向性からネットワークの民主化を構想する必要がある．

　開放的なアソシエーションやネットワークが「異議申し立ての入場ゲート」として機能する点に，民主主義の発展に貢献する姿を見出すことができる．ダールは，高いレベルで民主主義が実現している体制を「ポリアーキー（polyarchy）」と名づけ，ある政治体制の民主化の実現度合いを論じている．その際，選挙権の拡大などの「包摂性（inclusiveness）」を X 軸に，自由権に

基づく「公的な異議申し立て（public contestation）」が許容される程度を意味する「自由化（liberalization）」をY軸に置き，両者がともに高いレベルにある政治体制がポリアーキーだとしている（Dahl 1971）．ダールも，異議申し立てのチャンネルが多く用意されている社会ほど民主的であると主張しているのである．

　ある個人が国家の政策に不満をもち抵抗したいと考えるならば，自分の意見に近いアソシエーションを探し出して所属する．アソシエーションを通じて「阻止権力」を強化したいと思うのならば，同調者や支持者を増やし，連携可能なアソシエーションを見つけて「抵抗のネットワーク」を形成すればよい．社会の様々な分野・地域に存在する大小のネットワークは，異議申し立てを受け止める役割を果たすことが期待できる．

　国家を支える代議制民主主義モデルは，投票による選挙や議会における多数決を基本としているので，社会の多元性を十分な形で受け止めることができない．ロザンヴァロン（Pierre Rosanvallon）は，正統性と信頼に支えられてきた代議制民主主義ではあるが，選挙制度ではそれらを調達することができなくなり，いまや「不信社会（the society of distrust）」が出現していると分析する．そして，公式・非公式の形で不信を組織化することによって抵抗のための社会的な力を形成していく「カウンター・デモクラシー（counter democracy）」が新しい時代の民主主義の姿であると主張している（Rosanvallon 2008）．カウンター・デモクラシー論に基づけば，多様な「抵抗のチャンネル」を用意することができるか否かが，ネットワーク的な「つながり」のもとで展開される政策過程の民主化にとって，とても重要な判断基準となるのである．

# 終章

# 政策過程研究の未来

## 1. 「つながりの政策学」の可能性と課題

### ⑴　もうひとつの「つながりの政策学」

　第8章と第9章で，「つながりの政策学」として，政策ネットワーク論と
ガバナンス・ネットワーク論を紹介した．ただし，政策過程を関係性から
アプローチする研究は，この2つに限定されるわけではない．たとえば，
社会学・経済学の領域で発展してきた「ソーシャル・キャピタル（social
capital）」（社会関係資本と訳されることもある）という概念を用いた研究も，
「つながりの政策学」の有力なアプローチのひとつである．

　キャピタル（資本）というと，一般的には，事業を行う際に元手となる資
金がイメージされる．しかし，アメリカの社会学者コールマン（James S.
Coleman）は，個人が持つ知識／学歴／技能を意味するヒューマン・キャピ
タルと，人と人の関係性の中から生まれるソーシャル・キャピタルを対比さ
せ，2つのキャピタルの関係を論じている（Coleman 1997）．コールマンによ
ると，ソーシャル・キャピタルは，信頼／人間関係／中間団体（個人と社会
を結びつける地域コミュニティやボランティア団体）によって構成される．
これらのソーシャル・キャピタルの存在が，家庭やコミュニティにおいて，
次世代のヒューマン・キャピタルを生み出す役割を果たすという．

　主に社会学の世界で論じられてきたソーシャル・キャピタル概念が他の学
問分野にまで広まったのは，アメリカの政治学者パットナム（Robert D.

Putnam）が 1993 年に出版した『哲学する民主主義』（*Making Democracy Work*）がきっかけであろう（Putnam 1993）．同書で，彼は，イタリアの北部と南部の経済格差の原因が，経済資本にあるのではなく，ソーシャル・キャピタルの蓄積の違いにあることを実証した．ソーシャル・キャピタルを，「信頼・規範・ネットワークにより特徴づけられる社会的な仕組み」と捉え，社会的なつながりの強さが，この種の資本の蓄積を決定づける要因であると考えた．自発的アソシエーションの数，新聞購読率，選挙の投票率などの指標を統計的に処理することで，イタリア各州のソーシャル・キャピタルの蓄積度合いを比較し，その違いが南北の経済格差と相関していることを示した．

その後，パットナムにならって，コミュニティ活動への参加度，アソシエーションへの加入率，知人・友人との接触の多さ，投票率やニュースへの関心度など，地域のつながりや市民の成熟度を示す様々な指標を使って，対象地域のソーシャル・キャピタルの蓄積と地域課題の解決能力との間の相関をみる研究が進められてきた．一般にソーシャル・キャピタルのスコアが高い地域ほど，子どもの教育／高齢者の支援／地域経済の発展などの面で優位にあることがわかってきている．

以上のように，ソーシャル・キャピタル研究では，地域における人的ネットワークの緊密さが課題の解決能力に強く影響していると考えている．ソーシャル・キャピタルもまた，制度として人々の意識に働きかけ，地域における政策過程の有効性を高める機能をもつといえる．

政策ネットワークやガバナンス・ネットワークに関する事例研究では，一次資料にあたり，関係者にインタビューを重ね，参与観察を行うといった質的なアプローチがとられることが多い．それに対して，ソーシャル・キャピタル研究では，統計的な指標を用いるなど，計量分析を通じて説得力ある議論を展開してきた点に特徴がある．

ただし，ガバナンス・ネットワーク論の立場からは，地域における「つながり」の強さは，ソーシャル・キャピタルの蓄積をもたらすのかもしれないが，同時にネットワークの排他性・閉鎖性を助長することも指摘しておかな

ければならない．地域内で形成された人間関係を重視するあまり，新しい参
入者を拒むならば，外からのアイディアを学習する機会が失われてしまうだ
ろう．ネットワーク内の多様性がなくなれば，複数の価値の交錯によって生
まれる創発的なイノベーションの機会も減っていく．閉鎖性を正す脱制度化
の方向での「メタガバナンス」によって，アクターたちが戦略的に相互作用
を展開する自由を確保することが必要になってくるだろう．

### ⑵　「つながりの政策学」のできること

　本書で指摘してきたように，多元主義的な視点で政策過程を分析する場合，
その研究結果には再現性がなく，他の政策についても当てはまると主張する
ことができない「一般化問題」，相互作用の結果として存在する政策につい
て，その内容に不満があっても研究者が批判する意味が失われる「決定論問
題」に直面する．

　政策ネットワーク論やガバナンス・ネットワーク論などの「つながりの政
策学」は，これら政策過程研究が抱える問題を解決することができるのだろ
うか．治療に結びつく診断を行うことで，「政策現場に貢献できない政治
学」という汚名を返上することができるのだろうか．

　「つながりの政策学」は，アクター間で形成された関係性が，制度として，
そこで生み出される政策の「質」に影響していることを明らかにする．その
関係性が維持されているかぎり，今後も似たような政策過程が繰り返される
確率が高く，生み出される政策の「質」も同じ程度になるだろうと予測する
ことができる．つまり，分析結果の再現性が期待できる．

　また，別の地域や政策領域においても，似たような関係性が観察されれば，
同じように制度として政策過程に作用し，政策の「質」も似たようなものに
なる可能性が高いと予測することができる．

　以上のようにして，「つながりの政策学」は，多元主義的な視点で個別の
政策をめぐる過程を分析する際に直面する「一般化」の難しさを克服するこ
とができる．

　一方，第8章と第9章で紹介した防災政策と原子力政策の事例研究で触れたように，「政策の失敗」の原因がアクター間の関係性にあることが特定できれば，その関係性に変化をもたらす提言を行うことで，間接的にではあるが，政策の質の向上に寄与する分析結果を示すことも期待できる．政治学者は，あいかわらず政策の内容をめぐる議論に直接貢献する「in の知識」を提供することはできないものの，政策過程に影響を及ぼす関係性に変更を加える提言を行うことで，未来に向けて，よりよい政策が形成・実施される過程の創出に貢献することができるかもしれない．

　以上のように，「つながりの政策学」は，目の前にある政策がそのような姿になった経緯を詳細に説明することで陥る「決定論」問題をある程度は克服することができると考えられる．

### ⑶　「つながりの政策学」の課題

　このような可能性を秘めているものの，今のところ，「つながりの政策学」は，現実の政策過程に貢献するだけの成果をあげるまでには至っていない．このアプローチが発展していくためには，今後，以下の2つの課題に取り組んでいく必要がある．

　第1に，研究成果のさらなる蓄積である．海外では，政策ネットワークやガバナンス・ネットワークの分析モデルを使った数多くの事例研究が行われ，その成果が海外のジャーナルに掲載されている．しかし，現在，グローバル／ナショナル／ローカルなレベル，あるいはマルチレベルに，バラエティ豊かなガバナンス・ネットワークが数えきれないほど形成されている．実践の世界におけるネットワークの増殖スピードに学問的な研究が追いつかず，全体像が把握できていないのが現状である．研究成果が蓄積されればネットワーク型のガバナンスに関する知見も豊かになり，現場の実践に役に立つ教訓を提供することができるだろう．

　第2に，分析手法の開発である．前述のように，これまで政策ネットワークやガバナンス・ネットワーク論では，質的な研究が主流だった．しかし，

社会学における「社会ネットワーク研究」で活用されている「ソシオグラム」などの分析ツールや，ソーシャル・キャピタル論で活用されている統計的な指標による比較研究など，計量的な手法を活用していく必要があるだろう．あるいは，ゲーム理論に基づいてネットワークの構造と機能の関係を数理的に解析するモデルの開発が望まれる．

## 2.　政策過程を視る眼

### (1)　政策を評価する視点：政策の「正しさ」とは何か

　政策過程を研究する目的は，「よい」政策を生み出す「よい」過程を作っていくことである．では，ある特定の政策の内容，その政策が形成され実施される過程，その過程に影響を及ぼしている関係性が，「望ましい」ものなのか，それとも「望ましくない」ものなのかを，どのようにして判断すればいいのだろうか．

　第8章では阪神・淡路大震災のときの防災政策，第9章では東日本大震災に伴う福島第一原子力発電所事故のときの原子力政策を取り上げたが，これらは，誰の目にも明らかに失敗だった事例である．しかし，現実の政策現場ではこのようなケースは稀で，立場の違いによって，政策の成功－失敗の評価が異なってくるのが普通である．

　たとえば，新型コロナウィルスの感染拡大が原因となって発生した様々な問題に対応するために，日本政府が打ち出した一連の政策は，成功だったのだろうか．人口比でみれば，他の国に比べて，感染者数も死者数も低く抑えることができ，うまくいったと評価する人もいるだろう．一方で，欧米よりも遅いタイミングで感染拡大が始まり，時間的な猶予が与えられたにもかかわらず，先行地域の教訓が生かされなかったと批判する人もいるだろう．

　関係者全員が同じ評価軸をもっていればいいのだが，同じ現象をみていても違った価値の優先順位に基づいて評価しているのが現状である．政策過程を研究する際には，自分がどのような価値観に基づいて，起こっている現象

を評価しているのかを自覚しておく必要がある．

　政治思想の研究者たちの間では，「何が正しいのか」を見極める「正義（justice）」の概念に関する議論が続けられている．正義をめぐる議論を，いくつか紹介してみたい．

### ⑵　功利主義に基づく正義論

　政策の「正しさ」を測る尺度として，公共政策学で最もよく活用されているのが「功利主義（utilitarianism）」に基づくものである．功利主義は，イギリスで18世紀から19世紀にかけて活躍した思想家ベンサム（Jeremy Bentham）の「最大多数の最大幸福」という言葉に端的に表現されている．最大幸福を経済学の概念で表現すれば，個々人の効用上昇の総和が最大になるような決定が社会的に正しいということになる．

　ただ，ベンサムについていえば，「最大多数の最大幸福」という言葉が若干独り歩きをしている感がある．彼は，個人が行為するに際して正義にかなっているかどうかを判断する基準として功利主義を主張した．自分の行動が社会全体の幸福の増大につながっているかどうかを考えて行動するべきだと，「個人の生き方」の指針を示す思想として功利主義を論じたのである．

　しかし，これが，個人ではなく国家が尊重すべき政策決定の判断基準として示されると，一気に雲行きが怪しくなっていく．アメリカの政治哲学者のサンデル（Michael J. Sandel）が「ハーバードの白熱教室」での授業の冒頭で学生たちに問いかけた「歩道橋問題」を使って，この問題を考えてみよう（サンデル 2012）．

　あなたは，歩道橋の上に立って，遠くからこちらに向かってくる電車をみている．線路の先をみると，この先で線路は途切れていて，このままだと脱線して多数の死者が出てしまう．ふと隣をみると，そこに体重の重い人がいる．この人を突き落とせば確実に彼は死ぬだろうが，電車の運転士はブレーキを踏み，乗客たちの命は救われる．あなたは隣にいる人を突き落とす判断をするのか，という問いかけである．

　社会全体の最大幸福を正義とする功利主義者は，ひとりの犠牲のうえに多くの人命が救われるのだからと，迷わず突き落とすだろう．しかし，ほとんどの人は躊躇し，多くの人は突き落とす行為には及ばない．つまり，功利主義の基準で行動しない．どのような行動規範に基づいて判断するのかは人それぞれかもしれないが，人間には，全体利益のために個人に対して致命的な犠牲を強いるべきではないという感覚が備わっているようである．

　ところが，社会全体の幸福を最大化することが国家の正義だと主張されるようになると，個人の自由は，社会全体の利益実現という目的の下で際限なく侵害されていくことになる．ナチズムや共産主義国の全体主義体制は，このような功利主義の思想に基づいて正義を主張し，個人の自由を奪い，「国家のためになるから」と命の犠牲まで強いるようになっていった．

　政策評価の理論の章で紹介した「費用便益分析」も実は功利主義の影響下にある．便益とは，その政策によって，どれだけ社会全体の効用に上昇が望めるのかを，貨幣単位で表現したものである．そのような便益と費用を比較して，最もバランスのよい案を採択するのが費用便益分析の基本的な考え方である．経済学者たちは，費用便益分析を使って政策判断に必要な材料を提供することで，政策の現場に貢献している．「この案が最も安上がりで効果的です」という主張は，多様な意見をもつ人たちの間で最も合意を得やすい説得材料だからである．

　しかし，費用便益分析は，社会全体の効用の最大化が実現する「パレート最適点」での選択を正義とする点で功利主義に基づいている．政策の選択によって犠牲になる人には，その損失分を補塡する「補償原理」も用意されているが，ベースとなる思想が個人よりも全体の利益を重視する功利主義であることにはかわりない．

　功利主義は，ある政策の正しさを判断するうえで，とても大切な視点を示しているが，唯一絶対の判断基準ではなく，他の価値尺度も併存していることを意識しておく必要がある．

### ⑶　ロールズの正義論

　ロールズ（John B. Rawls）は，社会全体の効用の増大に基づいて正義を考えるのは危険であると自由主義の立場から功利主義を批判している．正義は，社会的な効用の最大化ではなく，「社会的基本財（social primary goods）」の平等な配分にあると主張する（Rawls 1999）．

　社会的基本財とは，「権利，自由と機会，所得と富，自尊の社会的基盤」のような「合理的な人間ならば誰でも望むと推定されるもの」のことを意味する．ロールズは，言論・集会の自由／政治的自由／思想および良心の自由／財産の所有権／人身の自由／法の支配などの「基本的自由」が他の基本財に対して優先されると述べている．

　そして，彼は正義に関する二本立ての原理を提示する（Rawls 1999: 266）．

> 第 1 原理　各人はすべての人々に対する同様な自由と相容れる限り，できる限り広範な基本的諸自由への平等な権利を有するべきである（平等な自由の原理）．

　やや難解かもしれないが，言っていることは，きわめてシンプルである．基本的な自由を制限できるのは自由のためだけであって，最大限の自由が平等に与えられなければならず，社会全体の利益のために自由を犠牲にしてはならないというのが第 1 原理である．ここで，ロールズは，自由主義こそが，正義を測るうえで最も大切な基準であると宣言している．

　この第 1 原理だけならば，ロールズの正義論が後世に残ることはなかっただろうが，この第 1 原理が第 2 原理によって補足されると主張したところにオリジナリティがある．

> 第 2 原理　社会的，経済的不平等は，(i) 正義に適った貯蓄原理と相容れる形で，最も不利な状況にある人々の利益の最大化のために（格差原理），かつ (ii) 機会の公正な平等という諸条件の下で，すべての人々に開かれた地位と職務に伴うように（機会均等原理），配置さ

れるべきである．

　言葉も難しいし文章も入り組んでいて，すんなり頭に入ってこないかもしれない．自由は大切なのだが，平等に自由が認められない不平等が許容される場合がある．それは，そのような不平等が最も恵まれない人の利益を促進し，すでに存在する不平等を緩和することができる場合である．これをロールズは，「格差原理」と呼んでいる．自由主義に委ねていると，社会的・経済的に不利な立場にある人たちは，ますます悲惨な状況に追いやられてしまう．そうならないように，たとえば，累進課税制度などにより，高収入の人から多くの税金を徴収し，所得の少ない貧困層に再配分するという「不平等なこと」を行う必要がある．自由主義の観点からすれば不平等である「所得の再配分」が行われても，それは正義にかなっているという主張である．

　ただし，不平等が認められるには，「貯蓄原理」を満たしている必要がある．今生きている世代が将来世代のために貯蓄せず，未来に対する投資も行わないで，自分たち世代の利益を最大化するために資源を消費しつくしてしまうのは正義ではない．ロールズは，将来世代のために適切な形で資源を残しておくことを「貯蓄原理」と呼んでいる．この貯蓄原理の考え方は，自然環境や天然資源を保護する思想にもつながる．今の世代が環境を破壊して，エネルギー資源を使い果たすのは，正義にかなっていないことになる．

　不平等が認められる条件がもうひとつある．「機会均等の原理」を満たすことである．これは，たとえば，低収入の人たちに対してであっても，職業や地位を優先的に与えるなどして，他の人たちの機会を奪うようなことがあってはならないことを意味する．

　ロールズの正義論は，自由主義を前提としながらも，福祉国家の中で実際に展開されている生活保護や貧困対策などの社会福祉的な政策を肯定し，政治の現実世界で行われている政策の意義を説明するものである．資本主義・自由主義社会で生きるわたしたちには共感しやすく，事実ロールズの正義論は多くの支持者を得て今日に至っている．

### ⑷ センの正義論

ロールズの正義論は，様々な論者によって批判もされてきた．おそらく最も本質的な批判を展開しているのは，インドの経済学者のセン（Amartya Sen）であろう．

センは，ロールズの正義論の中に，「物的崇拝（フェティシズム）」の要素をみてとっている（セン 1989）．特に，第2原理は，自由主義で生じた社会の歪みをお金で解決することをにおわせており，これでは，正義は実現しないと論じる．ロールズは，ある人が有利な立場にあるという「差別的利益（advantage）」を，財の所有の差だとみている．しかし，差別的利益は，財そのものが不平等に配分されているから発生するのではなく，財と人との関係性から起こっているとセンは主張する．かりに同じ財が配分されても，人によってそれを活用できるかどうかが異なる．基本財の重要性は，人によって異なるはずなのに，ロールズはその多元性を無視しているところに問題があるとセンは批判する．

以上のような問題意識を踏まえて，センは，「基本的潜在能力（basic capabilities）」概念を打ち出す．これは，財を自分のために活用する能力を意味する．基本的潜在能力は，選択の可能性を広げるもので，そのような能力が平等に配分されることが正義だと主張する．

たとえば，教育は，自分のキャリアを作る上で，選択の可能性を広げるものである．高度な教育を受ければそれだけ，職業選択の幅は広がる．逆に，教育を受ける機会が奪われると，選べる職業の幅が狭くなってしまう．よって，教育を受ける機会は，基本的潜在能力を高めるものであり，できるかぎり平等に配分されるべきである．なぜ貧困が正義にかなっていないのかというと，貧困家庭に生まれ育つことで，その人が人生を歩んでいく際の選択の可能性が狭まるからである．だから貧困対策を行い，基本的潜在能力を与えるのが正義にかなった行動となる．

新型コロナウィルスの感染拡大のさなかの 2020 年に，旧安倍政権は，ひとり当たり一律 10 万円の現金給付を行った．これは財の平等配分を目指し

ており一見正義にかなっているようにみえる．しかし，健康な高収入者にとっての10万円と，コロナ禍で職を失った障がい者にとっての10万円では全く意味あいが違う．後者には，より手厚い支援が提供されないと，基本的潜在能力が平等に配分されたことにはならないというのがセンの主張である．

　センの正義論は，ひとりひとりの事情やニーズにあったサービスを提供する必要性が主張されている福祉現場の文脈で考えると，その意味が理解できる．ロザンヴァロンは，社会が無数の特殊ケースで成り立っているという理解に基づく「近接性（proximity）」によって政府が正統性を確保する必要があると述べている（Rosanvallon 2011）．近接性に基づく正統性は，社会が多様であることを前提として，「自分の声に耳を傾けてほしい」という人々の要求に対して個別に応えることで成立する．

　センの正義論を政策過程の研究に当てはめれば，潜在能力の平等配分につながるのか，逆に不平等につながるのかを尺度として，正義にかなう政策を見極めることになる．

　以上，正義論の一端を紹介してきたが，唯一絶対の正義理解があるというより，複数の正義理解が併存しせめぎあっているのが，現在および未来の政策過程研究である．

## 3.　理想の政策過程

　本書を締めくくるにあたり，ネットワーク型のガバナンスにおける理想の政策過程を素描してみたい．もちろん，政策のタイプや置かれている状況によって，望ましい政策過程は全く異なってくる．たとえば，武力攻撃や大災害のような緊急事態における危機管理に際しては，ヒエラルキー的な問題解決スタイルが採用され，ひと握りのエリートによる閉じた政策過程が求められるかもしれない．また，第7章で述べたように，特定の問題の解決を目指してネットワークを構築するのには大きな困難が伴うのも事実である．

　ここでは，政策学で「やっかいな問題（wicked problem）」と呼ばれる問題，

つまり，問題発生の構造が複雑で，利害や意見が対立していて誰もが納得する最適解が見つからないような問題に対して，ガバナンス・ネットワークにおける政策過程を通じて，第 10 章で紹介したラディカル・デモクラシー論の観点から民主的な解決を目指すケースを想定する．以下の素描は，現実には成立しえないだろうが，ネットワークにおいて展開される政策過程の理想形を示すことで，研究対象の政策過程を評価する際のチェックリストのようなものを提供することができればと考えている．

　まず，「やっかいな問題」の解決には，多くの政策資源が必要となるので，できるだけ広い範囲の個人や集団が集まり議論する「闘技アリーナ」が用意されることになる．自分の思想や利益に関わる問題が検討されようとしているのを潜在的な参加者が知ることができるように，「場」の創設やそこで扱われるテーマなどに関する情報をあらかじめ周知しておく必要がある．

　政策の検討が円滑に行われるように，メタガバナンスを担う「ネットワーク運営組織」を作っておくとよい (Provan & Kenis 2007)．この組織は，行政関係者や NPO/NGO などの市民社会組織の代表者といった官民のアクターから構成され，政策過程には直接関与せず，その外側からネットワークが機能するための条件を作り出す役割を担う．運営組織は，たとえば，①ネットワークにとって必要な資源をもつアクターを洗い出し，彼らがネットワークに関わる誘因を用意する，②検討テーマに関連する法令や技術の知識，今置かれている状況などに関する情報の共有を図る，③議論の進め方に関する基本ルールを示しておく，④大きな方向性について合意ができる場合には，それをビジョンとして言語化しておく，⑤アクター間に対立が発生したときには調停を行う，⑥議論が暗礁に乗り上げたら知見をもつアクターの参加を新たに促すなどして，議論を活性化させ突破口を探す．

　政策過程が開放され様々な背景をもった人や集団が関わってくると，「望ましい」政策に関する捉え方も多様化していき，価値の対立点が増えていくことになるがそれを恐れない．

　第 10 章で紹介したハーバーマスが主張するように，それぞれが率直に意

見を出しあい議論を深めていくことで，やがてひとつの結論に向けて集約されていけばいいのだが，「やっかいな問題」の場合には，ムフが指摘したように，相容れない価値観の存在を確認しあうことになる可能性の方が高い．ただし，第9章で触れたように，そのような多様な価値観の併存は，パラダイムを乗り越える創発的なイノベーションを生み出す契機となることもあるので，政策過程から排除するべきではない．重要なのは，自分が何に価値をおいているのかを自覚し相手に伝えること，そして，相手の話に耳を傾け，相手がどのような価値観に基づいて自分とは違った見解を主張しているのかを考え，無視したり排除したりせず，ムフのいう「対抗者」として尊重することである．

　ガバナンス・ネットワークを通じて「やっかいな問題」の解決を図ろうとする場合，NPO/NGO に代表される市民社会組織などのアソシエーションが重要な役割を果たす．たとえばアソシエーションは，ネットワークにおける政策過程に個人が関わっていく際の「入場ゲート」となる．個人にとって，政策過程に単独で関わるよりも，考えが近いアソシエーションに所属し仲間と一緒に行動した方が，自分の意見を政策に反映させやすくなる．

　一方，アソシエーションの内部では，各人が団体全体の活動方針に自分の意見が盛り込まれるように討議を重ねる．個人は，ビジョンを共有しているアソシエーションにおいても，意見の相違が存在することに気づき，他の視点に基づく見解に触れることで，自分の思考を鍛えていく．

　アソシエーションは，自分たちの関心のあるテーマについて「アドボカシー（政策提言）」活動を行う．その際，見解の異なる他のアソシエーションと闘技を行うことになるだろう．各アソシエーションは，政策立案能力を向上させるとともに，自分たちの提言を政策に反映させるには，提言が「公共の利益」と強く結びついていなければならないことを学び，「公共性感覚」を身につけていく（伊藤・近藤 2010）．唱導連合（advocacy coalition）間の対立は，そのような「政策学習」を促すことになる．

　アソシエーションは，社会から疎外され不満を表出する気力すらもたない

マイノリティを探し出し，その意見を汲みとり政策過程に反映させていく役割も担う．ネットワークにおいてマイノリティの立場にある人は，ひたすら拒否する「抵抗者」として行動することがあっても受け入れられる（Young 2000）．

　関係者が納得するまでとことん議論するのが理想であるが，問題の性質上タイムリミットが設定されている場合，最後は，有権者から選挙された政治家の責任のもと，政策を決定する必要があるかもしれない．それまでに「闘技のアリーナ」において，政策に関する様々な情報や，マイノリティの置かれている状況に関する情報が関係者に共有されているはずである．闘技に敗れた人たちを「対抗者」として正当に扱うためには，様々な正義の捉え方がある中で，センの主張する「基本的潜在能力」の平等配分という正義の基準に照らして政策の「正しさ」を問うことが望ましいと考える．

　ガバナンス・ネットワークに対しては，ネットワークの目的である問題解決能力，すなわちガバニングの有効性も問われる．政策決定後は，政策実施過程をモニターし，政策の有効性を評価することで，政策を検討したときに想定した因果関係のロジックが作用しているかどうかを確認する．そこから得られるフィードバック情報をもとに，いつでも新たな政策過程を始めることができるように準備しておく．

　多様な価値観を持った人々がアソシエーションに所属し，社会において排除されることなく居場所が確保される．ガバナンス・ネットワークにおける政策過程では，ハーバーマスの論じた「コミュニケーション的合理性」を最大限追求しつつ，異議申し立てを行う「抵抗のチャンネル」が常に用意され，多様性に価値を置くガバナンスが実現されなければならない．そのような政策過程がラディカル・デモクラシーの観点からみて理想である．

# 参考文献

青木昌彦（2003）『比較制度分析に向けて』（瀧澤弘和・谷口和弘訳）NTT 出版.

縣公一郎（2002）「第 3 章　行政の情報化と行政情報」福田耕治・真渕勝・縣公一郎
　　編著『行政の新展開』法律文化社，59-86 頁.

縣公一郎（2005）「政策情報——その論理的シェーマの構成」北川正恭・縣公一郎・
　　総合研究開発機構編『政策研究のメソドロジー——戦略と実践』法律文化社，
　　30-59 頁.

秋吉貴雄（2007）『公共政策の変容と政策科学——日本航空運輸産業における 2 つの
　　規制改革』有斐閣.

秋吉貴雄・伊藤修一郎・北山俊哉（2010）『公共政策学の基礎』有斐閣ブックス.

伊藤修一郎（2002）『自治体政策過程の動態——政策イノベーションと波及』慶應義
　　塾大学出版会.

伊藤修一郎（2006）『自治体発の政策革新——景観条例から景観法へ』木鐸社.

伊藤修一郎・近藤康史（2010）「第 1 章　ガバナンス論の展開と地方政府・市民社
　　会」辻中豊・伊藤修一郎編著『現代市民社会叢書 3　ローカル・ガバナンス』木
　　鐸社，19-38 頁.

伊東真利子（2019）『郵政民営化の政治経済学——小泉改革の歴史的前提』名古屋大
　　学出版会.

岩崎正洋（2021）「序章　議会制民主主義の揺らぎ」岩崎正洋編著『議会制民主主義
　　の揺らぎ』勁草書房，1-20 頁.

宇野重規（2007）『トクヴィル——平等と不平等の理論家』講談社選書メチエ.

宇野重規（2016）『政治哲学的考察——リベラルとソーシャルの間』岩波書店.

大田衛（2020）「規制政策実施過程と市民——ゲーム理論と事例研究によるアプロー
　　チ」『年報行政研究』55 号，81-99 頁.

大嶽秀夫（1990）『現代政治学叢書 11　政策過程』東京大学出版会.

大嶽秀夫（2006）『小泉純一郎 ポピュリズムの研究——その戦略と手法』東洋経済新
　　報社.

大山耕輔（2002）『エネルギー・ガバナンスの行政学』慶應義塾大学出版会.

岡本三彦（2008）「ローカル・ガバナンスと意思決定への参加——住民自治と住民投
　　票」山本啓編『ローカル・ガバメントとローカル・ガバナンス』法政大学出版局，
　　53-72 頁.

風間規男（1995）「行政統制理論の復権」『年報行政研究』30 号，107-125 頁.

風間規男（1999）「防災政策と政策ネットワーク論」『近畿大学法学』46 巻 4 号，
　　1-45 頁.

風間規男（2002a）「災害対策基本法の制定——防災政策ネットワークの形成」『近畿大学法学』50 巻 1 号，1-82 頁．

風間規男（2002b）「関係性の政策学へ——ガバメント志向とネットワーク志向の交錯」『季刊行政管理研究』100 号，3-12 頁．

風間規男（2003）「阪神・淡路大震災と防災政策ネットワーク」『近畿大学法学』50 巻 2・3 号，119-238 頁．

風間規男（2005）「PFI の政策過程分析——PFI が公共事業をめぐる政策コミュニティに与えるインパクト」『会計検査研究』32 号，93-105 頁．

風間規男（2008a）「ミクロレベルの政策分析とメゾレベルの政策分析——政策の構造と機能に関する政治学的考察」『同志社総合政策科学研究』10 巻 2 号，1-20 頁．

風間規男（2008b）「ガバナンス時代における政策手法に関する考察——越境する政策手法」『公共政策研究』7 巻，16-26 頁．

風間規男（2015）「『原子力ムラ』研究序説」『季刊行政管理研究』150 号，3-16 頁．

風間規男（2016）「ダイバーシティガバナンスとイノベーション」縣公一郎・藤井浩司編『ダイバーシティの行政学』早稲田大学出版部，2-21 頁．

風間規男（2021）「ガバナンスネットワーク研究の射程」『季刊行政管理研究』173 号，25-36 頁．

風間規男（2022）「ガバナンス・ネットワークと『ヒエラルキーの影』——予備的考察」『立命館法学』399・400 号，168-189 頁．

片岡寛光（1976）『行政国家』早稲田大学出版部．

片岡寛光（1978）『行政の設計——社会的ニーズと公共政策』早稲田大学出版部．

金子郁容（1986）『ネットワーキングへの招待』中公新書．

北川正恭（2004）『生活者起点の「行政革命」』ぎょうせい．

橘川武郎（2011）『東京電力 失敗の本質——「解体と再生」のシナリオ』東洋経済新報社．

久米郁夫（2003）「序章 『七人の侍』の政治学」久米郁夫・川出良枝・古城佳子・田中愛治・真渕勝『補訂版 政治学』有斐閣，1-10 頁．

ケリング，J・L／C・M・コールズ（2004）『割れ窓理論による犯罪防止——コミュニティの安全をどう確保するか』（小宮信夫監訳）文化書房博文社．

齋藤純一（2008）『政治と複数性——民主的な公共性にむけて』岩波書店．

佐藤郁哉・山田真茂留（2004）『制度と文化——組織を動かす見えない力』日本経済新聞出版社．

サンデル，M（2012）『ハーバード白熱教室講義録＋東大特別授業』（上）（下）（小林正弥・杉田晶子訳）ハヤカワ・ノンフィクション文庫．

嶋田暁文（2010）「政策実施とプログラム」大橋洋一編著『政策実施』ミネルヴァ書房，191-212 頁．

鈴木基史・岡田章（2013）『国際紛争と協調のゲーム』有斐閣．

スターク，D（2011）『多様性とイノベーション』（中野勉・中野真澄訳）マグローヒ

ルエデュケーション.

盛山和夫（1995）『制度論の構図』創文社.

セン，A（1989）『合理的な愚か者』（大庭健・川本隆史訳）勁草書房.

高木仁三郎（2011）『原子力神話からの解放』講談社＋α文庫.

谷口真美（2005）『ダイバシティ・マネジメント——多様性をいかす組織』白桃書房.

辻中豊（1988）『現代政治学叢書14　利益集団』東京大学出版会.

寺迫剛・西岡晋（2021）「第11章　政策の実施と評価」西岡晋・廣川嘉裕編著『行政学』文眞堂，210-227頁.

トクヴィル（2015）『アメリカのデモクラシー』第1巻（上）（下）・第2巻（上）（下）（松本礼二訳）岩波文庫.

中村貞二（1972）『マックス・ウェーバー研究——ドイツ社会政策思想史考』未来社.

中村八朗（1962）「コミュニティ・パワーの研究をめぐる諸問題」『社会科学ジャーナル』（国際基督教大学社会科学研究所）4号，43-86頁.

新川達郎（2004）「パートナーシップの失敗——ガバナンス論の展開可能性」『年報行政研究』39号，26-47頁.

新川達郎（2016）「メタガバナンス論の展開とその課題——統治の揺らぎとその修復をめぐって」『季刊行政管理研究』155号，3-11頁.

西尾勝（2006）『行政学（新版）』有斐閣.

野田遊（2021）『自治のどこに問題があるのか——実学の地方自治論』日本経済評論社.

萩野徹（2021）「原子力規制委員会の現状と課題——現状肯定の欲求との戦い」『年報行政研究』56号，2-20頁.

橋場弦（2016）『民主主義の源流——古代アテネの実験』講談社学術文庫.

畠山弘文（1989）『官僚制支配の日常構造——善意による支配とは何か』三一書房.

ハミルトン，A／J・ジェイ／J・マジソン（1998）『ザ・フェデラリスト』（齋藤眞・武則忠見訳）福村出版.

林修三（1959）「災害立法整備の問題点」『ジュリスト』192号，2-6頁.

原田久（1996）「レナーテ・マインツの『政策ネットワーク』論」『年報行政研究』31号，147-162頁.

原田久（1998）「政策・制度・管理——政策ネットワーク論の複眼的考察」『季刊行政管理研究』81号，23-30頁.

古城利明（1967）「多元主義的権力論と地方政治」『社会学評論』17巻3号，39-54頁.

古野まほろ（2016）『残念な警察官——内部の視点で読み解く組織の失敗』光文社新書.

ボーム，D（2007）『ダイアローグ——対立から共生へ，議論から対話へ』（金井真弓訳）英治出版.

堀雅晴（2017）『現代行政学とガバナンス研究』東信堂.

松下圭一（1991）『政策型思考と政治』東京大学出版会.

松田憲忠（2011）「第 4 章　ガバナンスの主体としての市民」岩崎正洋編著『ガバナンス論の現在』勁草書房，93-116 頁．

真渕勝（1987）「アメリカ政治学における『制度論』の復活」『思想』11 月号，126-154 頁．

真渕勝（1994）『大蔵省統制の政治経済学』中公叢書．

真渕勝（2003）「第 23 章　利益団体と政治」久米郁男・川出良枝・古城佳子・田中愛治・真渕勝『補訂版 政治学』有斐閣，465-489 頁．

真渕勝（2020）『行政学（新版）』有斐閣．

真山達志（1991）「政策実施の理論」宇都宮深志・新川達郎編『行政と執行の理論』東海大学出版会，212-236 頁．

真山達志（2001）『政策形成の本質——現代自治体の政策形成能力』成文堂．

真山達志（2023）『行政は誰のためにあるのか』日本経済評論社．

マントン，D／D・A・ウェルチ（2015）『キューバ危機——ミラー・イメージングの罠』（田所昌幸・林晟一訳）中央公論新社．

宮川公男（1969）『PPBS の原理と分析——計画と管理の予算システム』有斐閣．

宮川公男（1994）『政策科学の基礎』東洋経済新報社．

宮川公男（2002）『政策科学入門』第 2 版，東洋経済新報社．

山本啓（2008）「ローカル・ガバナンスと公民パートナーシップ——ガバメントとガバナンスの相補性」山本啓編『ローカル・ガバメントとローカル・ガバナンス』法政大学出版局，1-34 頁．

山本啓（2011）「第 3 章　ガバメントとガバナンス——参加型デモクラシーへのプレリュード」岩崎正洋編著『ガバナンス論の現在』勁草書房，57-91 頁．

山本吉宣（2008）『国際レジームとガバナンス』有斐閣．

山谷清志（2006）『政策評価の実践とその課題——アカウンタビリティのジレンマ』萌書房．

吉岡斉（2011a）『新版 原子力の社会史——その日本的展開』朝日新聞出版．

吉岡斉（2011b）『原発と日本の未来——原子力は地球温暖化対策の切り札か』岩波ブックレット，No.802.

吉原正彦（2013）『メイヨー＝レスリスバーガー——人間関係論』（経営史学叢書）文眞堂．

笠京子（1988）「政策決定過程における「前決定」概念」(1)(2)『法学論叢』（京都大学）123 巻 4 号，48-71 頁／124 巻 1 号，91-125 頁．

龍慶昭・佐々木亮（2000）『政策評価の理論と技法』多賀出版．


Allison, G. (1971), *Essence of Decision: Explaining the Cuban Missile Crisis*, Little Brown（宮里政玄訳（1977）『決定の本質——キューバ・ミサイル危機の分析』中央公論社）.

Ansell, C. and A. Gash (2018), "Collaborative Platforms as a Governance Strategy",

*Journal of Public Administration and Research*, pp.16–32.

Bachrach, P. and M. Baratz (1962), "The Two Faces of Power", *American Political Science Review*, Vol.56, pp.947–952.

Barnard, C. I. (1956), *The Functions of the Executive*, Harvard University Press (山本安次郎・田杉競・飯野春樹訳 (1956)『経営者の役割』ダイヤモンド社).

Beck, U. (1992), *Risk Society*, Sage Pub. (東廉・伊藤美登里訳 (1998)『危険社会』法政大学出版局).

Benson, J. K. (1975), "The Interorganizational Network as a Political Economy", *Administrative Science Quarterly*, Vol.20, June, pp.229–248.

Birkland, T. A. (2005), *An Introduction to the Policy Process, Second Edition*, M. E. Sharpe.

Blanco, I., V. Lowndes, and L. Prachett (2011), "Policy Networks and Governance Networks: Towards Greater Conceptual Clarity", *Political Studies Review*, Vol.9, pp,297–308.

Börzel, T. A. (1998), "Organizing Babylon: On the Different Conception of Policy Networks", *Public Administration*, Vol.76, summer, pp.253–273.

Börzel, T. A. (2002), "Pace-Setting, Foot-Dragging, and Fence-Setting: Member State Responses to Europeanization", *Journal of Common Market Studies*, Vol.40, No.2, pp.193–214.

Coase, R. H. (1991) "The Nature of the Firm", in O. E. Williamson and S. G. Winter, *The Nature of Firm: Origins, Evolution, and Development*, Oxford University Press. pp.33–55.

Cobb, R. W. and C. D. Elder (1972), *Participation in American Politics: The Dynamics of Agenda-Building*, John Hopkins University Press.

Cohen, M. D., J. G. March, and J. P. Olsen (1972), "A Garbage Can Model of Organizational Choices", *Administrative Quarterly*, Vol.17, pp.1–25.

Coleman, J. (1997), "Social Capital in the Creation of Human Capital", in A. H. Halsey, H. Lauder, H. Brown, and A. S. Wells eds., *Education: Culture, Economy, and Society*, Oxford University Press.

Crenson, M. A. (1971), *The Un-politics of Air Pollution*, John Hopkins Press.

Dahl, R. A. (1971), *Polyarchy: Participation and Opposition*, Yale University Press.

Dahl, R. A. (2005), *Who Governs?: Democracy and Power in the American City*, Yale University Press (河村望・高橋和宏監訳 (1988)『統治するのはだれか ――アメリカの一都市における民主主義と権力』).

Daugbjerg, C. and D. Marsh (1998), "Explaining Policy Outcomes: Integrating the Policy Network Approach with Macro-level and Micro-level Analysis", in Marsh, D. ed., *Comparing Policy Networks*, Open University Press, pp.52–71.

DiMaggio, P. J. and W. W. Powell (1991), "The Iron Cage Revisited: Institutional

Isomorphism and Collective Rationality in Organizational Fields", in W. W. Powell and P. J. DiMaggio eds., *The New Institutionalism in Organizational Analysis*, The University of Chicago Press, pp.63-82.

Dror, Y. (1971), *Design for Policy Sciences*, Elsevier（宮川公男訳（1975）『政策科学のデザイン』丸善）.

Drucker, P. F. (1974), *Management: Tasks, Responsibilities, Practices*, Harper& Row.

Dryzek J. S. (2000), *Deliberative Democracy and Beyond: Liberals Critics Contestations*, Oxford University Press.

Dye, T. R. (2007), *Understanding Public Policy, 12th Edition*, Prentice Hall.

Finer, H. (1941), "Administrative Responsibility in Democratic Government", *Public Administration Review*, Vol.1, pp.335-350.

Forester, J. (1993), *Critical Theory, Public Policy and Planning Practice: Toward a Critical Pragmatism*, State University of New York Press.

Friedrich, C. J. (1940), "Public Policy and the Nature of Administrative Responsibility", in C. J. Friedrich and E. S. Mason eds., *Public Policy 1*, Harvard University Press, pp.3-24.

Granovetter, M. S. (1973), "The Strength of Weak Ties", *American Journal of Sociology*, Vol.78, No.6, May, pp.1360-1380.

Habermas, J (1989), *The Structural Transformation of the Public Sphere: An Inquiry into a Category of Bourgeois Society*, Polity（細谷貞雄・山田正行訳（1973）『公共性の構造転換』未来社）.

Habermas, J (1987), *Theory of Communicative Action Vol.1 and Vol.2*, Beacon Press（川上倫逸・平井俊彦訳（1985）『コミュニケーション的行為の理論』未来社）.

Habermas, J (1998), *Faktizität und Geltung: Beiträge zur Diskurstheorie des Recht und des Demokratischen Rechtstaats*, Suhrkamp（川上倫逸・耳野健二訳（2002）『事実性と妥当性』未来社）.

Hall, P. A. and R. C. R. Taylor (1996), "Political Science and the Three New Institutionalisms", *Political Studies*, Vol.44, pp.936-957.

Hardin, G. (1968), "Tragedy of the Commons", *Science*, Vol.162, Issue 3859, pp.1243-1248.

Hayek, F. (1974), *Law, Legislation, and Liberty, Volume 1 Rules and Order*, Routledge（西山千明・矢島鈞次監修（2007）『法と立法と自由I』ハイエク全集, 春秋社）.

Heclo, H. (1974), *Modern Social Policies in Britain and Sweden*, Yale University Press.

Heclo, H. (1994), "Issue Networks and the Executive Establishment", in D. C.

McCool ed., *Public Policy Theories, Models, and Concepts: An Anthology*, Prentice Hall, pp.262-287.

Hirst, P. (1994), *Associative Democracy: New Forms of Economic and Social Governance*, Polity Press.

Hunter, F. (1953), *Community Power Structure: A Study of Decision Makers*, The University. of North Carolina Press (鈴木広監訳 (1998)『コミュニティの権力構造——政策決定者の研究』恒星社厚生閣).

Jenkins-Smith, H. C. and P. A. Sabatier (1993), "Dynamics of Policy-oriented Learning,", in P. A. Sabatier and H. C. Jenkins-Smith eds., *Policy Change and Learning: An Advocacy Coalition Approach*, Westview Press, pp.41-56.

Jessop, B. (2016), *The State: Past, Present, Future*, Polity Press.

Katzenstein, P. (1977), "Introduction: Domestic and International Forces and Strategies of Foreign Policy", *International Organization*, Vol.31, No.4, pp.587-606.

Kenis, P. and V. Schneider (1991), "Policy Networks and Policy Analysis: Scrutinizing a New Analytical Toolbox", in B. Marin and R. Mayntz eds., *Policy Networks: Empirical Evidence and Theoretical Considerations*, Westview Press, pp.25-59.

Kickert, W. J. M. and J. F. M. Koppenjan (1997), "Public Management and Network Management: An Overview", in W. J. M. Kickert, E. Klijn, and J. F. M Koppenjan eds., *Managing Complex Networks: Strategies for the Public Sector*, Sage Pub., pp.33-61.

Kingdon, J. W. (1995), *Agendas, Alternatives, and Public Policies, Second Edition*, HarperCollins College Pub. (笠京子訳 (2017)『アジェンダ・選択肢・公共政策——政策はどのように決まるのか』勁草書房).

Klijn, E. and C. Skelcher (2007), "Democracy and Governance: Compatible or Not?", *Public Administration*, Vol.85, No.3, pp.587-608.

Laclau, E. (2018), *On Populist Reason*, Verso (澤里岳史・河村一郎訳 (2018)『ポピュリズムの理性』明石書店).

Lasswell, H. D. (1971), *A Preview of Policy Science*, Elsevier.

Lasswell, H. D. and A. Kaplan (1952), *Power and Society*, Kegan and Paul.

Lefort, C. (1981), *L'invention démocratique: Les limites de la domination totalitaire*, Fayard (渡名喜庸哲・太田悠介・平田周・赤羽悠訳 (2017)『民主主義の発明——全体主義の限界』勁草書房).

Lefort, C. (1986), *Essais sur le politique*, Éditions du Seuil.

Lerner, D. and H. D. Lasswell (1951), *Policy Sciences*, Stanford University Press.

Lindblom, C. E. (1959), "The Science of Meddling Through", *Public Administration Review*, Vol.19, pp.79-88.

Lindblom, C. E. and E. J. Woodhouse (1992), *The Policy Making Process, Third Edition*, Prentice Hall（藪野祐三・案浦明子訳（2004）『政策形成の過程——民主主義と公共性』東京大学出版会).

Lipsky, M. (1983), *Street-Level Bureaucracy: Dilemmas of Individual in Public Services*, Russell Sage Foundation（田尾雅夫訳（1998）『行政サービスのディレンマ——ストリート・レベルの官僚制』木鐸社).

Luhman, K. (1995), *Social Systems*, Stanford University Press（馬場靖雄監訳（2020）『社会システム——或る普遍的理論の要綱』勁草書房).

Lukes, S. (2005), *Power: A Radical View, Second Edition*, Palgrave.

March, J. G. and J. P. Olsen (1989), *Rediscovering Institutions: The Organizational Basis of Politics*, Free Press.

March, J. G. and H. A. Simon (1993), *Organizations, Second Edition*, Blackwell（高橋伸夫訳（2014）『オーガニゼーションズ 第 2 版——現代組織論の原点』ダイヤモンド社).

March, J. G. and J. P. Olsen (1980), Ambiguity and Choice in Organizations, Universitetsforlaget（遠田雄志／アリソン・ユング訳（1986）『組織におけるあいまいさと決定』有斐閣).

Morrow, J. D. (1994), *Game Theory for Political Scientists*, Princeton University Press（石黒馨監訳（2016）『政治学のためのゲーム理論』勁草書房).

Mouffe, C. (1992), "Democratic Politics Today", in C. Mouffe ed., *Dimensions of Radical Democracy: Pluralism, Citizenship, Community*, Verso, pp.1-14.

Mouffe, C. (2000), *The Democratic Paradox*, Verso Books（葛西弘隆訳（2006）『民主主義の逆説』以文社).

Mouffe, C. (2005), *On the Political*, Routledge（涌井隆史監訳・篠原雅武訳（2008）『政治的なものについて』明石書店).

Musgrave, R. A. and P. B. Musgrave (1989), *Public Finance in Theory and Practice*, McGraw-Hill College（大阪大学財政研究会訳（1983）『財政学——理論・制度・政治』有斐閣).

Mathur, N. and C. Skelcher (2007), "Evaluating Democratic Performance: Methodologies for Assessing the Relationship between Network Governance and Citizens", *Public Administration Review*, Vol.67, No.2, pp.228-237.

Pateman, C. (1970), *Participation and Democratic Theory*, Cambridge University Press（寄本勝美訳（1977）『参加と民主主義理論』早稲田大学出版部).

Peters, B. G. (2011), *Institutional Theory in Political Science: The New Institutionalism*, Continuum International Pub. Group（土屋光芳訳（2007）『新制度論』芦書房).

Pressman, J. and A. Wildavsky (1984), *Implementation, Third Edition*, University of California Press.

Provan, K. G. and P. Kenis (2007), "Modes of Network Governance: Structure, Management, and Effectiveness", *The Journal of Public Administration Research and Theory*, pp.229–252.

Putnam, R. (1993), *Making Democracy Work: Civic Tradition in Modern Italy*, Princeton University Press（河田潤一訳（2001）『哲学する民主主義』NTT出版）.

Rawls, J. (1999), *A Theory of Justice, Revised Edition*, The Belknap Press of Harvard University Press（川本隆史・福間聡・神島裕子訳（2010）『正義論』紀伊國屋書店）.

Rhodes, R. A. W. (1988), *Beyond Westminster and Whitehall: The Sub-Central Governments of Britain*, Routledge.

Rhodes, R. A. W. (1997), *Understanding Governance: Policy Networks, Governance, Reflexivity and Accountability*, Open University Press.

Rhodes, R. A. W. and D. Marsh (1992) "New Directions in Study of Policy Networks", *European Journal of Political Research*, vol.21, pp.181–205.

Ripley, R. B. and G. A. Franklin (1984), *Congress, the Bureaucracy, and Public Policy, Third Edition*, Dorsey Press.

Rosanvallon, P. (2008), *Counter-Democracy: Politics in an Age of Distrust*, Cambridge University Press（嶋崎正樹訳（2017）『カウンター・デモクラシー ——不信の時代の政治』岩波書店）.

Rosanvallon, P. (2011), *Democratic Legitimacy: Impartiality, Reflexivity, Proximity*, Princeton University Press.

Rosenau, J. N. (1992) "Governance, Order, and Change in World Politics", in J. R. Rosenau and E. Czempiel eds., *Governance without Government: Order and Change in World Politics*, Cambridge University Press, pp.1–29.

Ryan, J. R. (2012), *Leaders Make the Future: Ten New Leadership Skills for an Uncertain World*, Berrett-Koehler Publications.

Sabatier, P. (1986), "Top-down and Bottom-up Approaches to Implementation Research: A Critical Analysis and Suggested Synthesis", *Journal of Public Policy*, Vol.6, No.1, pp.21–48.

Sabatier P. and D. Mazanian (1980), "The Implementation of Public Policy: A Framework of Analysis", *Policy Studies Journal*, Vol.8, pp.538–560.

Scharpf, F. W. (1997), *Games Real Actors Play: Actor-Centered Institutionalism in Policy Research*, Westview Press.

Scharpf, F. W. (1999), *Governing in Europe: Effective and Democratic?*, Oxford University Press.

Schick, A. (1973), "A Death in the Bureaucracy: The Demise of Federal PPB", *Public Administration Review*, Vol.33, pp.146–156.

Scocpol, T. (1985), "Bring the State Back In: Strategies of Analysis in Current Research", in P. B. Evans, D. Rueschemeyer, and T. Scocpol eds., *Bringing the State Back In*, Cambridge University Press.

Shelling, T. C. (1980), *The Strategy of Conflict*, Harvard University Press（河野勝監訳（2008）『紛争の戦略——ゲーム理論のエッセンス』勁草書房）.

Simon, H. A. (1946), "The Proverbs of Administration", *Public Administration Review*, Vol.6, No.1, pp.53-67.

Simon, H. A. (1960), *The New Science of Management Decision*, Harper & Row（稲葉元吉訳（1979）『意思決定の科学』産業能率大学出版部）.

Simon, H. A. (1969), *The Sciences of the Artificial*, MIT Press（稲葉元吉・吉原英樹訳（1999）『システムの科学』第3版，パーソナルメディア）.

Simon, H. A. (1997), *Administrative Behavior, 4th Edition*, Free Press（桑田耕太郎他訳（2009）『経営行動——経営組織における意思決定過程の研究』ダイヤモンド社）.

Sørensen, E. and J. Torfing (2007), *Theories of Democratic Network Governance*, Palgrave MacMillan.

Sørensen, E. and J. Torfing (2009), "Making Governance Networks Effective and Democratic Through Metagovernance", *Public Administration*, Vol.87, No.2, pp.234-258.

van Meter, D. S. and C. E. Van Horn (1975), "The Policy Implementation Process: A Conceptual Framework", *Administration and Society*, Vol.6, No.4, pp.445-488.

van Waaden, F. (1992), "Dimensions and Types of Policy Networks", *European Journal of Political Research*, No.21, pp.29-52.

Weingast, B. R. (1984), "The Congressional-Bureaucratic System: A Principal Agent Perspective (with Application to the SEC)", *Public Choice*, Vol.44, No.1, pp.147-190.

Williamson, O. E. (1975), *Markets and Hierarchies*, The Free Press.

Yanow, D. (2000), *Conducting Interpretive Policy Analysis, Qualitative Research Methods*, Vol.47, Sage Publications.

Yasue, N. (2023), "Towards a More Resilient Europe: Innovating EU Democracy in the Era of Crisis, *Journal of Policy Science* (Ritsumeikan University), Vol.15, pp.19-33.

Young, I. M. (2000), *Inclusion and Democracy*, Oxford University Press.

# あとがき

　1986 年，早稲田大学大学院政治学研究科の修士課程に進学したとき，指導教授の片岡寛光先生から，2 冊の本を原書で読むように指示された．1 冊めは，本書でも紹介したサイモンの『経営行動』である．現在，わたしが展開している政策学は，サイモンの意思決定論とプログラム論から着想を得ているところが大きい．もう 1 冊は，バーナードの『経営者の役割』である．バーナードは，組織をあたかもネットワークのように捉えており，わたしのネットワーク理解に多大な影響を与えている．

　そもそも，国家と社会が融合していくという世界観は，片岡先生の『行政国家』（1976）で克明に描かれていたものである．本書でも紹介したように，この世界観は，ネットワーク論者の多くが共有しているものであり，わたしの研究上の羅針盤となっている．今日まで研究者として歩みつづけることができたのは，趣味の俳句のように言葉数は少ないけれども，常に正鵠を得た先生の助言の賜物だと思っている．

　妻，安江則子は，立命館大学で教鞭をとる EU の研究者である．彼女の最初の読者として，欧州統合などに関する本や論文のすべてに目を通し，わたしなりの感想を伝えてきた．本書では，国家の機能を相対化して捉えるガバナンス論を展開しているが，知らず知らずのうちに，超国家機関 EU の研究を続けてきた彼女の影響を受けていたようである．精神面・生活面でのサポートも含め，面と向かって伝えるのは気恥ずかしいので，この場を借りて感謝の気持ちを記しておきたい．

　本シリーズの執筆陣にも名を連ねている真山達志先生には，2004 年，同志社大学政策学部がスタートしたときに声をかけていただいて以来，大変お世話になっている．研究の能力に加え，大学人としての卓越した能力にあこ

がれを抱いてきた．先生が構想された政策学部において，一緒にPBL（Problem Based Learning）を中心とした教育体制を作ってきたことは，得がたい経験だった．全国から学部に集まるアクティブな学生たちとの交流は，大いに刺激となり，研究の原動力となっている．

原稿を読み返していて，あらためて，母校の先輩ふたりから受けた影響の大きさに気づいた．ひとりは，片岡研究室の先輩の縣公一郎先生である．行政学をベースにしつつ，政策学の奥深くまで足を踏み入れ，鋭い視点で政策論に切り込んでいく姿を羨望の目でみてきた．学問としての政策学の捉え方について，とても大きな影響を受けていると思う．

また，勤務校で同僚だった新川達郎先生とは，10年以上にわたり，研究会でガバナンスに関する研究を続けてきた．政治学にとどまらない幅広い知識を動員して，本質を的確に捉えた議論を展開する姿勢には，いつも感銘を受けている．本書で展開されているガバナンス論は，先生との学問上の語りあいから生まれたものである．

本書は，学部の同僚である野田遊先生がわたしを出版社に推薦したことで実現したものだと聞いている．わたしの世代では珍しかった統計的な分析を使いこなす稀代の研究者で，日本の行政学がこれから大きく前に一歩を踏み出すうえで，欠くことのできない人物だと思っている．これからも彼の研究に刺激を受けながら研鑽を続けたいと思っている．

岩崎正洋先生とは，数多くの著作を通してお名前は存じあげていたが，一昨年の日本政治学会でお目にかかるまで，対面でお話しする機会に恵まれなかった．昨年の学会では，同じセッションで報告することができ，政治理論を社会問題の具体的解決に結びつけようとする真摯な姿勢に感銘をおぼえた．本シリーズに企画段階から携わり，「教科書らしさ」を過度に求めず，執筆者が思うままに本の内容を構想する自由を用意してくださった．「はしがき」で書いた理由から，政策過程論の教科書を執筆することはないと考えていたが，本書を出版することができたのも，ひとえに先生のおかげだと思っている．

　この本の出版にあたり，日本経済評論社の皆様には大変お世話になった．本書の『つながりの政策学』というタイトルは，退職された梶原千恵氏とのメールでのやりとりを通じて決まったものであり，彼女の励ましによって執筆を続けることができた．また，同社の中村裕太氏には，なかなか原稿が上がらなかったにもかかわらず，我慢づよくお付き合いいただいた．校正の段階では，専門家のわたしが感心するほど的確な指摘を随所にいただき，さらに原稿の悪文を少しでも読みやすいものに変えるべく，文章表現についても丁寧な助言をいただいた．両氏には，この場をお借りして，心より感謝の気持ちを表したい．

　2024 年 3 月

風 間 規 男

# 索　引

## 事　項

## 人　名

## 執筆者紹介

<ruby>風<rt>かざ</rt>間<rt>ま</rt>規<rt>のり</rt>男<rt>お</rt></ruby>

同志社大学政策学部教授．博士（政治学）．1963年生まれ．早稲田大学大学院政治学研究科後期博士課程修了．近畿大学法学部講師・助教授・教授を経て，2004年4月より現職．
専攻は，行政学，政策過程論．
著書に，『公的ガバナンスの動態研究──政府の作動様式の変容』（共著，ミネルヴァ書房，2011年），『ダイバーシティ時代の行政学──多様化社会における政策・制度研究』（共著，縣公一郎・藤井浩司編，早稲田大学出版部，2016年），『行政学の基礎』（編著，一藝社，2018年）ほか．

## つながりの政策学

政策過程の全体図を描く　　　　　　　［シリーズ政治の現在］

2024年3月15日　第1刷発行

著　者　風　間　規　男
発 行 者　柿　﨑　　　均
発 行 所　株式会社 日本経済評論社
〒101-0062 東京都千代田区神田駿河台1-7-7
電話 03-5577-7286　FAX 03-5577-2803
E-mail：info8188@nikkeihyo.co.jp
http://www.nikkeihyo.co.jp
装幀・渡辺美知子　　　　　　　精文堂印刷／根本製本

[シリーズ政治の現在]

## 自治のどこに問題があるのか：実学の地方自治論

野田遊　本体 3000 円

## 変化する世界をどうとらえるか：国際関係論で読み解く

杉浦功一　本体 3000 円

## 公共の利益とは何か：公と私をつなぐ政治学

松元雅和　本体 3000 円

## 戦争と民主主義の国際政治学

宮脇昇　本体 3000 円

## 自由を考える：西洋政治思想史

杉本竜也　本体 3000 円

## 政治と経済はどうつながっているのか：政治経済学の基礎

羽田翔　本体 3000 円

## 行政は誰のためにあるのか：行政学の課題を探る

真山達志　本体 3000 円

## つながりの政策学：政策過程の全体図を描く

風間規男　本体 3000 円

〈以下続刊〉

日本経済評論社